イスラーム主義

——もう一つの近代を構想する

末近浩太
Kota Suechika

岩波新書
1698

はじめに

中東が再び大きく揺れ動いている。二〇一〇年末にチュニジアから始まった民主化運動、通称「アラブの春」は、エジプト、リビア、イエメン、シリアなどにも波及し、長年続いてきた独裁政権の崩壊・動揺をもたらした。人びとの間に自由と寛容の空気が広がっていくなかであらためて問われるようになったのが、政治と宗教の関係である。

平和的なかたちで革命が成功したチュニジアやエジプトでは、選挙でイスラームの教えを党是とする政党が躍進した。

「クルアーン〔コーラン〕こそが我らの憲法。預言者こそが我らの指導者。ジハード〔聖戦〕こそが我らの進む道。そして、神〔アッラー〕のための死こそが我らの最高の願い。神こそが我らの目標である！」

二〇一二年五月一三日、「アラブの春」による民主化後に実施されたエジプト大統領選挙において、ムハンマド・ムルスィー候補は、大勢の支持者を前にこう言い放ち、エジプトの社会や国家のイスラーム化を目指すことを約束した。そして、翌月の決選投票でライバル候補を接戦で制し、新しい大統領に選出された。彼は、「イスラームこそ解決」というスローガンを掲げて長年活動してきた社会運動、ムスリム同胞団の幹部であった。

他方、「アラブの春」をきっかけに政権と反体制派との間の内戦状態に陥ったリビア、イエメン、シリアでは、武力によるジハードを掲げる武装組織が次々に出現した。

「ムスリムたちよ、自らの国家へと急げ。これはあなたがたの国家だ。シリアはシリア人のものではなく、イラクはイラク人のものではない。この地はムスリム、すべてのムスリムのものである」

この発言の主、「イスラーム国(IS)」指導者アブー・バクル・バグダーディーは、二〇一四年六月二九日、紛争で疲弊したシリアとイラクの両国にまたがる地域に「国家」の樹立を宣言した。そこでは、他宗教や「不信仰者」と見なした人びとへの容赦ない暴力と不寛容を特徴とする、独善的で極端な解釈に基づくイスラームによる統治が目指された。

このように、今日の中東では、イスラームを政治に反映させようとする声が高まっている。そして、その声は、実際に中東の政治の姿を大きく変えている。こうしたイスラームに立脚した社会変革や国家建設を求める政治的なイデオロギーを、「イスラーム主義」という。

*

イスラーム主義は、いつ、どこで、なぜ生まれたのか。

イスラーム主義の起源は、「アラブの春」が起こる一〇〇年以上も前、現在の中東諸国が形成されていった一九世紀末から二〇世紀初頭に求められる。中東で約六〇〇年にわたって栄えてきたオスマン帝国(一二九九〜一九二二年)が崩壊し、近代西洋に誕生した国民国家体制が西洋列強による植民地分割・支配を通して「移植」された時代である。この巨大な政治変動をきっかけに、政治と宗教の関係のあり方が問われるようになったのである。

しかし、政治と宗教の関係をめぐる問題は、独裁政治によって長らく「封印」されてきた。「アラブの春」によって長年の独裁政権が崩壊ないしは動揺し、人びとが自由に自分の意思を示すことができるようになった結果、イスラームを政治に反映させようとする声があらためて顕在化したのである。

このことは、裏を返せば、前近代の中東では政治と宗教の関係が実質的に問題になっていなかったことを示している。詳しくは第2章で論じるが、オスマン帝国はイスラームという宗教を統治の正統性（レジティマシー）の根拠としていた。つまり、国家の「正しさ」はイスラームにおける「正しさ」によって保証されるものであり、その意味において、オスマン帝国では政治と宗教は不可分の関係にあった。

だからこそ、帝国の崩壊をきっかけに、政治と宗教がどのような関係にあるべきなのか、問われるようになったのである。その問いに答えることは、「帝国後」の時代を生きる中東の人びとにとっての大きな課題となった。

＊

そもそも、政治と宗教の関係はどうあるべきなのか。

その答えとして、私たちがもっともなじみがあるのは、政治と宗教の分離を掲げる世俗主義（セキュラリズム）だろう。欧米諸国も、さらには日本も、この世俗主義に従い、西洋的近代化を推し進めるなかで、政治と宗教を分離することをなかば当然のことと見なしてきた。しかし、それは、ともすれば、「分離しない」あるいは「分離できていない」中東諸国を「前近代的」で「後進的」とするまなざしを伴う。そして、その場合、イスラームに立脚した社会変革や国家建設を目指すイスラーム主義は、単なる偏狭で硬直した復古主義として認知されることになる。

しかし、二一世紀の今日の中東において、宗教、特にイスラームを政治に反映させるべきだとする声は、小さくなるどころか、むしろ大きくなっている。そもそも世俗主義も、政治と宗教の関係という「古くて新しい問い」に対する一つの答えであり、それが最善・最良と考えること自体に論者の立場や信念が反映されている。そのため、世俗主義も、イスラーム主義と同様に、オスマン帝国の崩壊によって成立した現代の中東のあり方を定めようとするイデオロギーの一つとして、相対化する必要がある。

むしろ、イスラーム主義と世俗主義は、政治と宗教の関係をめぐっていわば表裏一体の関係にあり続けてきた。イスラーム主義は、「帝国後」の時代の中東を席巻していった世俗主義に対する反動、さらには、西洋的近代化を所与のものとしない、「もう一つの近代」を目指すイデオロギーとしての性格を有しているのである。

＊

「アラブの春」によって独裁政権が崩壊・動揺した結果、政治と宗教を問い直す声の「封印」は解かれた。冒頭で「あらためて問われるようになった」と述べたのは、そのためである。民主化に歩を進めた諸国では平和的な選挙のかたちで、他方、破綻国家と化した諸国では暴力的な紛争のかたちで、それぞれ異なるかたちで政治と宗教の関係が再び問い直されるようになった。

そうだとすれば、イスラーム主義の実態に光を当てることは、混迷の色を深める中東の将来を見通すためにも、また、いくつもの悲劇に終止符を打つ道筋を考えるためにも、不可欠な作業となる。

イスラーム主義とは何か。何を目指しているのか。中東に何をもたらしてきたのか。翻って、中東の政治はイスラーム主義をどのように変えてきたのか。そして、政治と宗教の関係をどのように変えていくのか。本書では、これらの問いに答えていく。

＊

本書の構成は、以下の通りである。

第1章と第2章は、いわば理論編である。イスラーム主義の用語は、マスメディアでもアカデミアでも、明確な定義を欠いたまま、イメージだけで独り歩きしているのが現状である。そのため、定義や理解のための枠組みを今一度検討することが、一見遠回りのようではあるが、イスラーム主義の実態を摑み、確かな議論を重ねていく上での近道となる。

まず、第1章では、まず、イスラーム主義とは何か、その定義と基本的な考え方について整理する。とりわけ、イスラーム主義における政治と宗教の意味を問い直すことを通して、そのイデオロギーとしての特徴を把握する。

続く第2章では、イスラーム主義が誕生・発展してきた現代の中東とは何か、中東にとって現代とはどのような時代なのか、オスマン帝国崩壊まで歴史を遡りながら論じる。この作業を通して、イスラーム主義を理解するための枠組みを検討する。

第3章から第7章では、イスラーム主義の誕生と発展を時代順に描き出していく。その意味では、本書は、イスラーム主義を「主役」とする、中東現代史の書として読むことができる。

ただし、「主役」となるイスラーム主義のかたちは一様ではない。思想(第3章)に始まり、運動(第4章)、革命(第5章)、武装闘争やテロリズム(第6章)、政党・政策(第7章)へと遷移していく。その理由は、端的に言えば、イスラーム主義が現実の政治――とりわけ政治と宗教の関係の問い直し――への向き合い方を絶えず変化させてきた事実にある。

このことから、本書では、イスラーム主義を、テクストに綴られた思想としてだけではなく、時代や環境といったコンテクストに応じて、運動、革命、テロリズム、政策といった様々なかたちを採りながら現実の政治に作用してきた人びとの営みの総体と捉えていく。

最後に、終章では、二一世紀の今日におけるイスラーム主義がどのような苦難に直面しているのか、そして、私たちはイスラーム主義とどのように付き合っていくべきなのか、これからの課題と展望を論じる。

それでは、早速、本論に入っていこう。

東地中海・ペルシア湾岸諸国

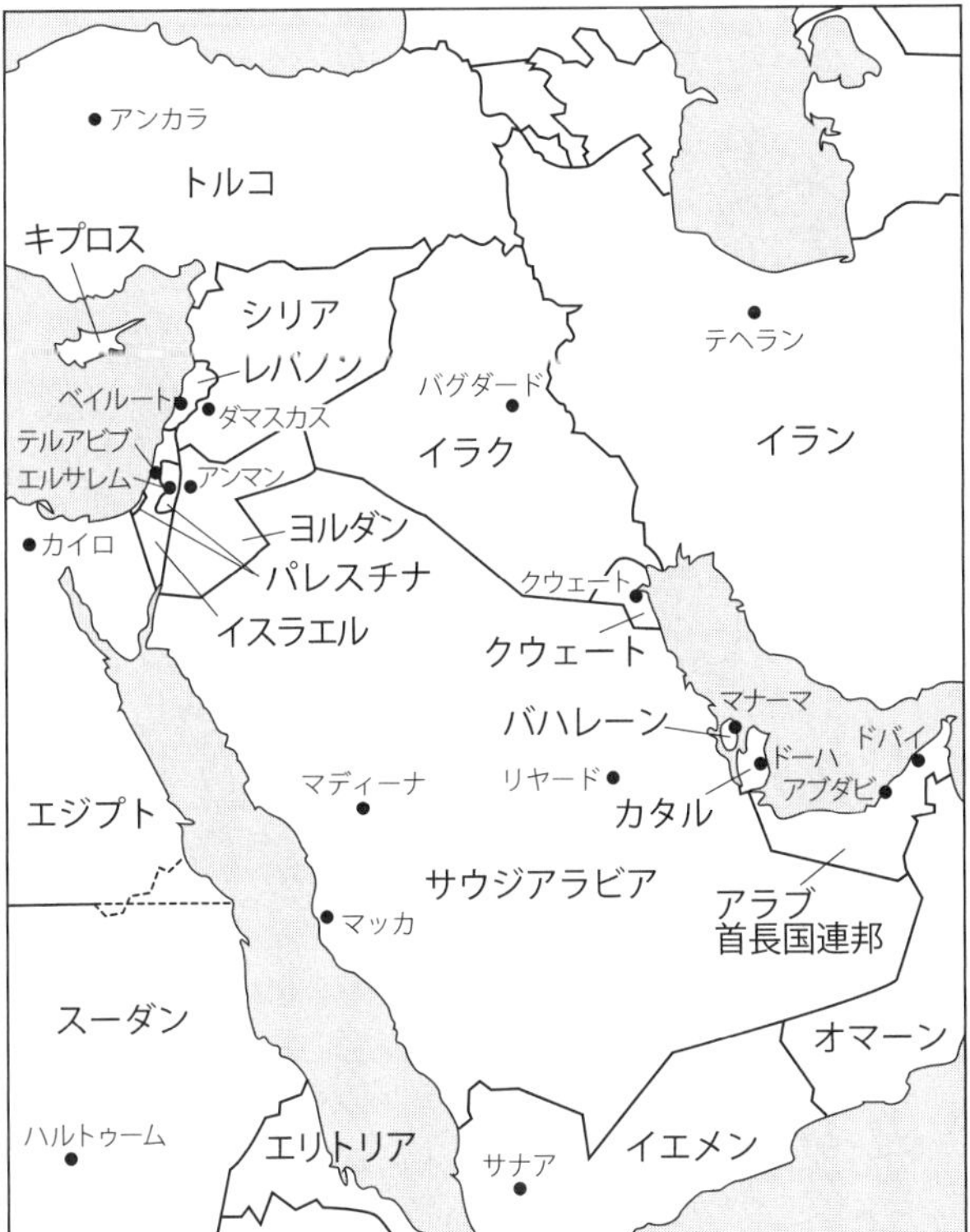

出典：酒井啓子『中東から世界が見える──イラク戦争から「アラブの春」へ』(岩波ジュニア新書，2014年)をもとに作成

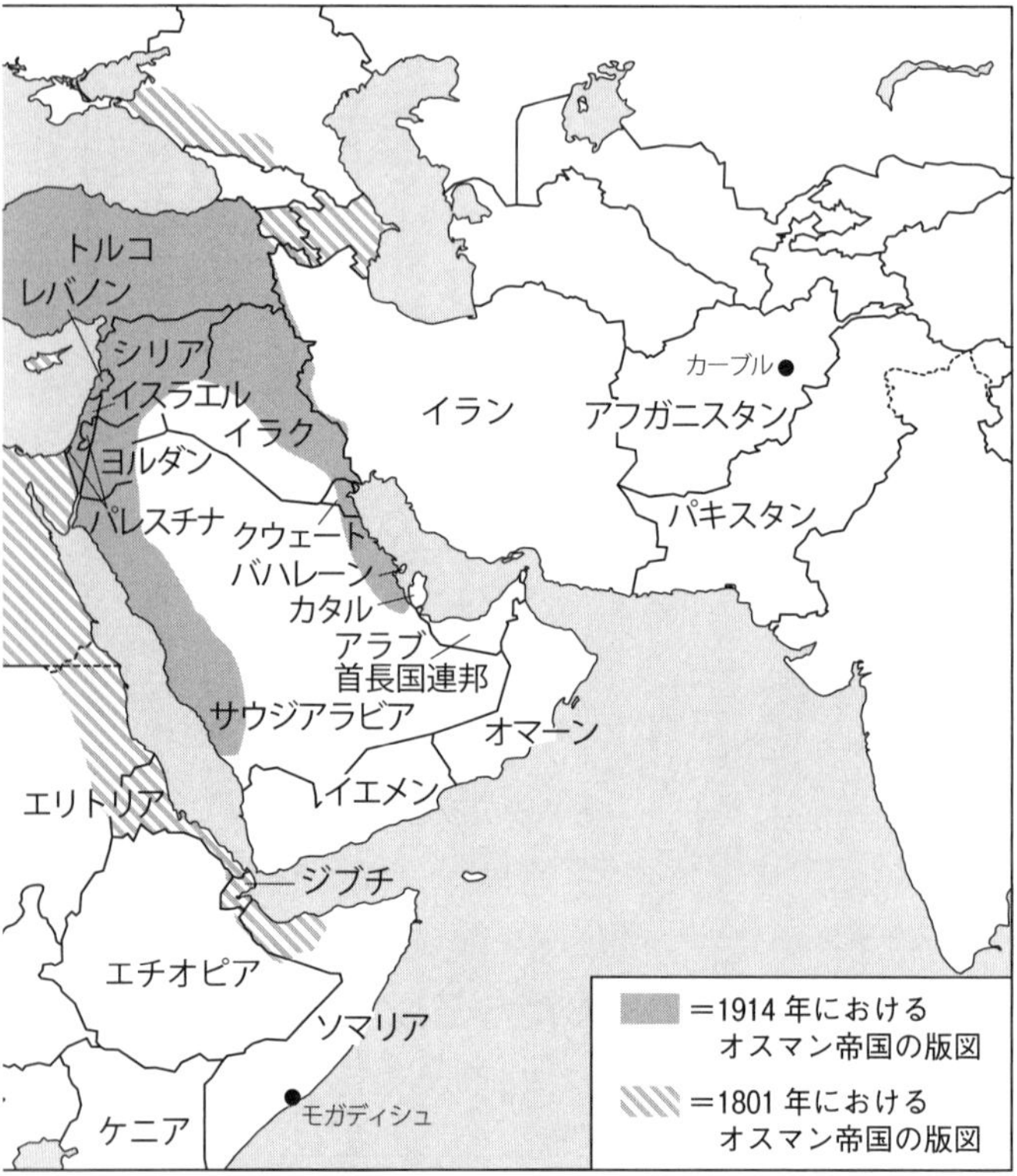

ジュニア新書，2014 年)をもとに作成

中東諸国と周辺の国々

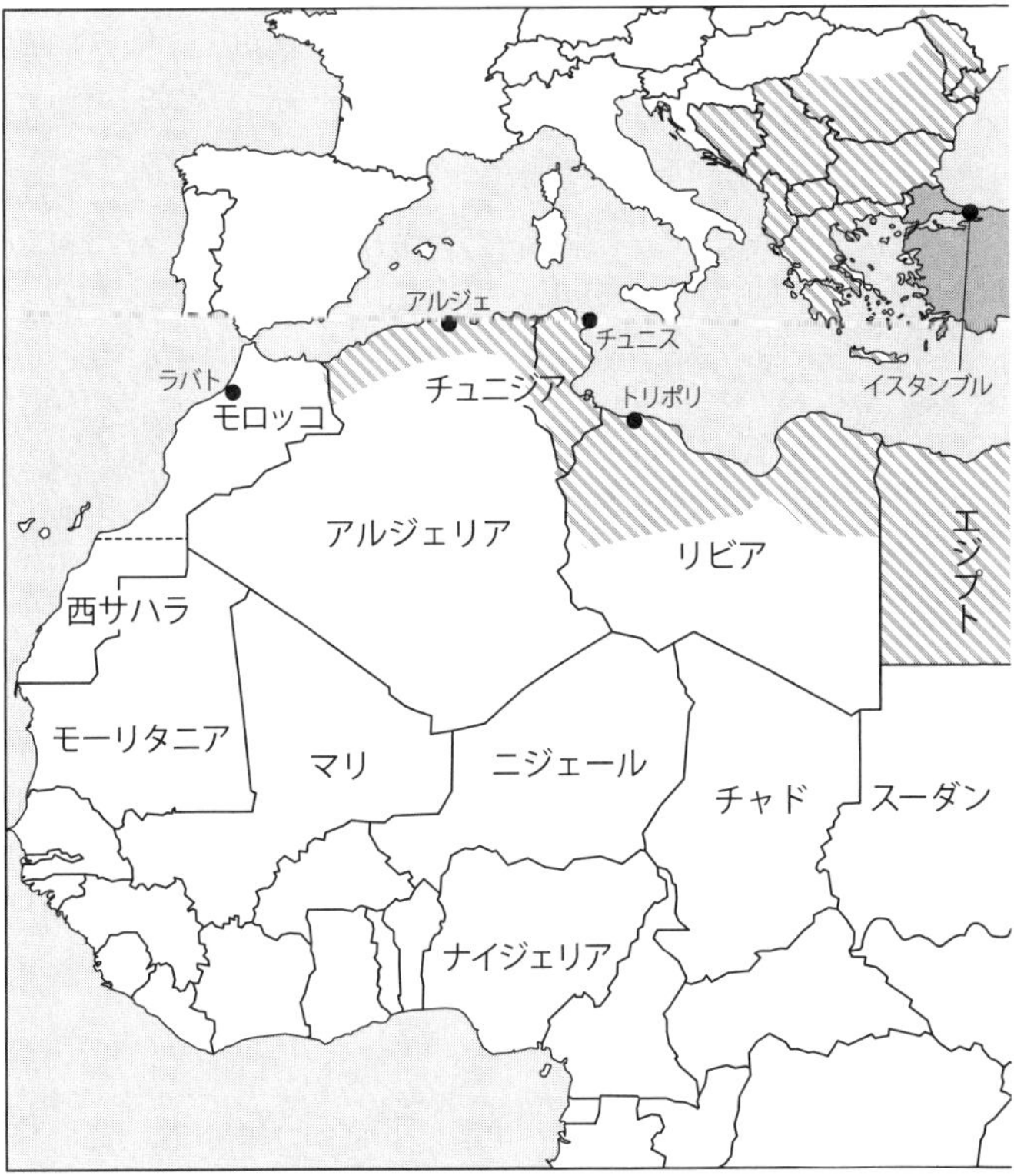

出典：酒井啓子『中東から世界が見える——イラク戦争から「アラブの春」へ』(岩波

目　次

第1章 イスラーム主義とは何か

立法評議会選挙に出馬するハマースの候補者たち（パレスチナ・ガザ，2006年1月16日，Getty Images）

1　イスラーム主義の定義

用語の整理

イスラーム主義とは何か。「イスラーム主義(Islamism)」とは、文字通り、宗教としての「イスラーム(Islam)」に「主義(ism)」が接続された用語である。これは、宗教としてのイスラームとは異なる意味を持つ。「イスラームに基づいた主義」、すなわち、イデオロギーを指す用語である。

イスラーム主義という用語は、政治と宗教の一致といった何らかの共通したイメージを想起させながらも、観察者と当事者の政治的な立場や価値判断が交錯することで、長年曖昧なまま使われてきた。

そこで、本書では、イスラーム主義を「宗教としてのイスラームへの信仰を思想的基盤とし、公的領域におけるイスラーム的価値の実現を求める政治的なイデオロギー」と定義しておきたい。平たく言えば、イスラームに依拠した社会変革や国家建設を目指すイデオロギーということになる。

もう少し用語の説明をしておこう。

イスラーム主義に似た用語として、まず、「イスラーム復興(Islamic revival)」がある。人類学者の大塚和夫は、イスラーム復興を「文化的・社会的な現象」を指す用語とし、政治的なイデオロギーとしてのイスラーム主義と区別した。ただし、いずれの用語も、西洋的近代化や世俗化が進むなかで、人びとがイスラームを自らのアイデンティティの拠り所や社会や国家を運営する仕組みとして「再発見」していくという点で共通する。

さらに、「イスラーム原理主義(Islamic fundamentalism)」というのもある。この用語は、近年では、日本だけではなく、欧米や中東諸国のマスメディアやアカデミアでもほとんど使われなくなっている。その理由は、①その定義が曖昧であり、「狂信」「頑迷」「テロリスト」といった否定的なラベリングにばかり用いられること、②その語源が二〇世紀初頭のアメリカにおけるキリスト教の一派(福音主義者)を指す用語であり、イスラームの場合に必ずしも適合しないこと、③ある宗教の信者がその「原理」に忠実なのは当然であり(イスラームであればクルアーンの教え)、結果的に単なる同義反復の域を出ないこと、が指摘されている。つまり、「イスラーム原理主義」は、自文化中心主義や比較文学者E・サイードが批判したオリエンタリズムの誹《そし》りを免れない用語として、使われなくなったのである。

イスラーム主義の用語も、本来的には他称であり、かつては分析概念としての性格が強かった。しかし、社会や国家のイスラーム化を目指す人びとが、例えばアラビア語では「アル＝イスラーミーユーン（al-islāmīyūn、イスラーム主義者）」と呼ばれることもあり、今日では現実に根ざした実態概念にもなっている。

やせ細るイスラーム主義理解

イスラーム主義の歴史は浅い。「はじめに」で述べたように、その起源は、オスマン帝国の崩壊とその後の国民国家体制の成立という巨大な政治変動が起こった一九世紀末から二〇世紀初頭に求められる（詳しくは第2章で論じる）。イスラーム主義は、「帝国後」の「あるべき秩序」を求める無数のイデオロギーのなか――例えば、ナショナリズム、社会主義、世俗主義、自由主義など――の一つとして誕生・発展してきたのである。

しかし、今日では、イスラーム主義は「あるべき秩序」への脅威としてのみ認識されることが多い。二一世紀の不幸な幕開けとなった二〇〇一年九月一一日のアメリカ同時多発テロ事件（以下9・11事件）は、イスラーム主義を安全保障上の脅威や治安取り締まりの対象へと押しやっていった。そして、二〇一一年の「アラブの春」後の「イスラーム国（ＩＳ）」の急速な台頭は、こうした傾向を加速させた。

イスラーム主義は、テロリズムと同一視されるだけでなく、民主主義、政教分離、男女同権、表現の自由といった現代世界の「普遍的価値」の敵と見なされることも少なくない。近年の日本においても、二〇一五年初頭に露見した「イスラーム国」による日本人誘拐脅迫殺害事件を機に、イスラーム主義とイスラームを区別することなくテロリズムと結びつけるような議論が散見されるようになった。

しかし、イスラーム主義を既に確立された「あるべき秩序」に対する脅威とする見方ばかりでは、私たちのイスラーム主義をめぐる理解をやせ細ったものにしてしまう。

複雑で豊かな現実

言うまでもなく、イスラーム主義を信奉する人びとのすべてが潜在的なテロリストであるわけではない。また、彼ら彼女らのすべてが国家権力を目指しているわけではなく、逆に、国家権力を目指している運動や組織もテロリズムだけを行っているわけではない。

例えば、国家権力を志向しているかどうかについて見てみよう。イスラーム主義の思想としての黎明期には、権力闘争への意思はほとんど見られなかった。むしろ、ムスリム個人の内面における信仰の深化が重視され、それがいずれ社会や国家を良き／善きものにするという、漸進的な考え方が主流であった。

イスラーム主義は、後に運動や組織のかたちで、ある国家の内部での権力闘争へと参入していく様子を見せるようになった。しかし、その方法も、一九七九年にイランで起こった革命のかたちをとる場合もあれば、二〇一〇年末に始まった「アラブの春」に見られたように政党として民主政治へと参加する場合、さらには、いわゆる過激派が繰り返してきたテロリズムや武装闘争となる場合もある。

近代西洋との向き合い方も一様ではない。イデオロギーとしてのイスラーム主義の内実を見ると、近代西洋が生んだ思想や科学を神の被造物として積極的に受け入れていく場合もあれば、イスラームの教えに反するものとして拒絶する場合もある。「アラブの春」で民主政治へと参加したイスラーム主義者たちは、近代西洋が生んだ民主主義が現代世界における「普遍的価値」の一つとなっている現実を受け止め、自らが奉じるイスラームとどのように折り合いをつけていくのか試行錯誤を見せた。

イスラーム主義のイデオロギーや運動・組織が多様であるとすれば、中東の社会や国家に与える影響もまた多様となる。歴史的に見ても、イスラーム主義は、中東における政治の「安定と不安定」や「変化と停滞」に関して、それぞれ両面から作用してきた。こうした両義性は、他のイデオロギーや運動・組織と同様である。例えば、ナショナリズム／ナショナリストは、国民国家の形成や発展を促すと同時に、「民族浄化」や「総力戦」を引き起こしてきた。そのため、イスラーム主義を「あるべき秩序」に対する脅威としてのみ認識することは、特定の政治的な立場や価値判断に依拠した見方であると言えよう。

本書では、こうしたイスラーム主義が織りなす複雑で豊かな現実を描き出していく。この現実を安易に捨象してしまうと、本来であれば避けられたはずの対立や憎しみを生みかねない。歴史を振り返ってみても、主観的で一方的な漠たる不安に後押しされた国家権力による過剰な治安取り締まりや弾圧が、イスラーム主義者を追い詰め、結果的に彼ら彼女らのなかから過激派を生み出すという事態を何度も引き起こしてきた。

思考停止は、負の連鎖を生み出す。イスラーム主義の多様性や変化に十分に目配りし、過激派やテロリズムの脅威に対しては「正しく恐れる」必要がある。

2　イスラーム主義における「政治」

イスラームとイスラーム主義

では、イスラーム主義は、イスラームと何が違うのだろうか。

イスラームという宗教を信仰することと、イスラーム主義というイデオロギーを信奉することとは、重なる部分はあるが、本質的には別個のものとして考えなくてはならない。

ある人が「イスラーム主義者になる」とはどういうことか。イスラーム主義というイデオロギーを選択するには、まず何よりも、イスラームへの信仰が不可欠である。イスラームへの信仰がなければ、イスラーム主義者にはなり得ない。その点において、両者は重なり合う。

イスラームには独自の「政治」に関する理念がある。ある人がイスラームを信じるということは、神（アッラー）からの啓示である聖典クルアーンの教えを信じることである。クルアーンには、信仰や儀礼についてだけではなく、社会や国家のあるべき姿も記されている。そのため、論理的にはムスリムである以上、クルアーンの教えを信じるが、そのなかの社会や国家に関する箇所だけは信じない、という姿勢は成立し得ない。

しかし、イスラームをイデオロギーとして選択するかどうかについては、どちらかと言えば、信仰よりも理性の問題である。イスラーム主義は、その考え方や政策の善し悪しや他の運動や組織が掲げるイデオロギーとの比較のなかで、あくまでも選び取られるものなのである。そして、その選択は、イスラームへの信仰を根底に置きながらも、その時々の社会や国家の状況や他のイデオロギーとの関係によって左右される。

「政治化」されたイスラーム

社会や国家に働きかけるイデオロギーとしての性格ゆえに、イスラーム主義は、「政治化」されたイスラーム——「政治的イスラーム（political Islam）」——と呼ばれることもある。とはいえ、クルアーンに見られるような政治と宗教の不可分性に鑑みれば、イスラームはその成立当初から「政治化」されているではないか——イスラームとイスラーム主義の区別は無意味ではないか——といった疑問も生じるかもしれない。

しかし、イスラーム主義を考える際の「政治化」とは、一九世紀末以降のオスマン帝国の崩壊とその後の中東諸国の誕生に伴う、近代から現代にかけての特有の現象を指す。すなわち、「帝国後」の中東における「あるべき秩序」をめぐって無数のイデオロギーが立ち現れていくなかで、イスラームに立脚したイデオロギーとして新たに誕生したのがイスラーム主義であった。

ここで考えておくべきは、「政治化」における「政治」の意味である。社会学者M・ウェーバーは、政治を「政治団体――現在でいえば国家――の指導、またはその指導に影響をあたえようとする行為」と定義した。また、政治学者D・イーストンの有名な定義では、政治は「社会に対する価値の権威的配分」とされている。

こうした古典的な定義に共通するのは、政治を本質的にある国家、それも国民国家の内部での権力の作用の総体とする見方である。そのため、国際政治と言った場合も、政治共同体としての国家と国家との関係――インターナショナル――が第一義的な意味となる。つまり、政治とは、国民国家の存在を前提に語られてきた。

むろん、中東諸国が国民国家として成立した以上、その政治を語る際のこうした前提に誤りはない。しかし、現代の中東における政治と宗教の関係を考えるためには、政治に「国民国家内の権力闘争」と「国民国家自体の相対化」の二重の意味を読み込む必要がある。

その理由は、端的に言えば、中東諸国が誕生する以前からイスラームという宗教が存在していたという単純な事実に依る。イスラームの教えに社会や国家をめぐる理念や規範があることを踏まえれば、ここで指す「政治」には、「国民国家においてイスラームをどのように実現するか」だけでなく、「イスラームに立脚した国家とはそもそもどのようなものなのか」という問いも含まれることになる。

したがって、イスラーム主義は、ある国民国家の内部で生じる権力闘争をかたちづくる一要素である半面、国家や政治共同体の存立基盤それ自体の見直しの契機を含むこともある。言い換えれば、イスラーム主義は、現行の国民国家のなかでの「あるべき秩序」を目指すだけでなく、それを相対化した上での「あるべき秩序」を模索するという性格を持つのである。

3　「イスラーム的価値」の実現

公的領域と私的領域

このような「政治」の二重の意味を踏まえ、本書では、イスラーム主義の定義において、その目標を、現行の国民国家内での国家権力の奪取に限定せず、緩やかに「公的領域におけるイスラーム的価値の実現」としている。

公的領域とは、他者の存在を前提とした、開かれた空間であり、コミュニケーションに基づく集団的な選択を通して、そのあり方が決められていく空間である。その対となるのは、私的領域である。それは、私事の空間であり、個人的な選択に基づく自己決定の空間である。

ここで用いる公私の二つの領域の区別は、宗教が社会や国家を覆う独占的な地位を喪失し、その役割が私事へと特化されていく過程、すなわち世俗化に大きく関係している。一九世紀以降、中東では、世界の他の地域と同じように世俗化が進んだ。とりわけ西洋列強による植民地主義の苦難の時代を経て、中東の各地に国民国家が誕生した結果、政治は民族／国民が責を負う公的領域に属するものとして、イスラームの教えから切り離そうとする動きが強まった。

それは、イスラームを個人の信仰という私的領域に特化しようとする動きであった。世俗化した社会や国家においては、個人の信仰の自由が保障される代わりに、その信仰を公的な規則や規範とすることがタブーとされた。

しかし、実際には、この世俗化を経てもなお宗教は、公的領域に対する影響力を持ち続けてきた。なぜなら、近代社会は、人びとがコミュニケーションを通して、「正義」や「善」の実現を目指したり、個人の利益を公共の利益へと変えていく機能を宿しているからである。哲学者J・ハーバーマスは、これを公共圏と呼んだ。

そのため、たとえイスラームが世俗化によって私的領域に配置されるようになったとしても、公共圏を通して公的領域に影響力を持ち続けた。社会学者S・ズバイダは、国民国家の成立とともにその内部に新たに生じた「政治的領域(political field)」――すべての政治活動がそのなかに集中する領域――において、イスラームが常にその構成要素であり続けてきたことを強調している。だからこそ、イスラーム主義のような考え方を持った人びとが現れたのである。

イスラーム主義者は、イスラームを信仰という私的な事柄であると同時に、歴史的に良き／善き社会や国家を築き運営してきた公的な原理や制度として捉える。彼ら彼女らは、信仰や心の問題として私的領域に押しやられたイスラームを再び公的領域に復権させることで、社会や国家における諸問題を解決できるとし、また、それこそが、オスマン帝国崩壊以降の「あるべき秩序」になると考えてきたのである。

「イスラーム的価値」の追求

では、イスラーム主義者が公的領域に実現させようとしている「イスラーム的価値」とは、具体的に何を指すのだろうか。

実は、これに答えることは難しい。それは、端的に言えば、イスラームのあり方が一様ではなく、ムスリムにとっていわば無数の「イスラーム」が存在するからである。

確かに、イスラームには解釈の余地のない信仰上の根幹がある。ムスリムは、神との契約関係にある。神の意思に従って生き、神がそれを認めれば、死後に楽園（天国）の報奨が与えられる。これを信じないムスリムはいない。

しかし、現実には神の意思をどのように受け止め、どのように実践するのか、ムスリムの間でも多種多様な解釈や立場が生じる。なぜなら、イスラームには――同じセム的一神教の姉妹宗教であるユダヤ教およびキリスト教と同様に――万物の創造主であり全知全能の神と、その神の被造物に過ぎない非力で矮小な人間を対比させるという基本的な考え方があるからである。

非力で矮小な人間がクルアーンに記された全知全能の神の意思を完全に理解することは、そもそも不可能なことである。しかし、だからこそ、ムスリムは知の研鑽を重ねながら、神の意思についての様々な解釈を紡ぎ出していく。こうして、それぞれのムスリムにとっての無数の「イスラーム」が生じるのである。

歴史的に見ても、イスラームにおいては、激しい神学論争や指導者の後継者争いはあっても、カトリックにおける異端審問や魔女狩りのように、ある信仰者が別の信仰者を神の意思に反していると断罪するような現象はほとんど起こらなかった。その一因には、イスラームがカトリックの教会組織（とその頂点に君臨した教皇）のような宗教的な権力・権威のヒエラルキーを築いてこなかったことがある。

ある人が「イスラーム的」だと信仰・実践するものを、他人が「非イスラーム的」ないしは「反イスラーム的」だと断ずることはできない。それができるのは神だけであり、また、それが行われるのは神が世界を終わらせる「最後の審判の日」だからである。

ちなみに、このことが、近年深刻になっている過激派の問題への対処を難しくしている。詳しくは第6章で論じるが、一部の過激派のテロリズムに象徴されるように、神の意思には到底見えないような卑劣で残虐な行為や、他の大多数のムスリムが強く非難するような独善的な言動は後を絶たない。しかし、それでもなお、究極的には、人間が神に代わってその過激派を「非イスラーム的」「反イスラーム的」だと断ずることはできないのである。

「イスラーム的」を観察する

したがって、観察者である私たちが理解したり分析したりできるのは、多様で常に変化し続ける「イスラーム的」であろうとする人びとの営為だけということになる。

先に触れた人類学者の大塚は、現代世界におけるイスラームの実像に迫るためには、教条主義的な立場から距離を置きながら、ムスリム自らによるそれぞれの信仰やその実践を注意深く観察することが重要であると説いた。私たちが想定するべきは、単数形で存在する「イスラーム的」ではなく、個別のムスリムの信仰と実践を通して立ち現れる複数形の「イスラーム的」ということになる。

こうした見方は、不寛容と暴力の嵐が吹き荒れる現在の中東の現実を捉え、今後を展望していく上で極めて重要である。なぜなら、過激派と観察者のいわば共犯関係によって、唯一絶対の「イスラーム的」なるものが仕立て上げられ、それが参照軸となって多様な「イスラーム的」が抑圧されるような状況が生まれているからである。

過激派は、自身の独善的な解釈による「イスラーム的」の基準に満たない人びとを「不信仰者」として断罪する。他方、非ムスリムの観察者は、中東やイスラームに関わる様々な現象を説明するときに、自らの硬直したイスラーム理解を基準として「イスラームゆえに」「イスラームにもかかわらず」といった本質主義的な決定論の罠に落ちていく。そして、こうした硬直した思考様式は、「イスラームの戦い（ジハード）」と「テロとの戦い（対テロ戦争）」の憎悪の連鎖に絡め取られ、善悪の二項対立的な世界観の再生産に荷担する危険性を孕む（詳しくは第6章で論じる）。

多様性と変化を捉える

イスラーム主義をめぐる多様性と変化に富んだ現実を理解しようとする営みは簡単なことではなく、時間も労力もかかる作業である。むろん、こうした複雑な現実は、中東に限ったことではなく、あらゆるものに宿っている。そのため、人間が世界を理解するために「名付け」や「単純化」は不可避であり、概念化や理論化のための営みを放棄するような諦観や無作為が正しい姿勢ではない。

しかし、だからといって、政治も宗教も、安易な定義や操作化をしてしまうと、複雑な現実を理解しにくくなることにも注意が必要である。政治を国民国家内部での権力闘争と同一視したり、唯一絶対の「イスラーム的」の基準を振りかざしてしまうと、イスラーム主義の多様性と変化を見失うだけでなく、それを現行の秩序に対する単なる脅威と捉えてしまいかねない。そして、そうしたまなざしは、現代の中東の現実を理解するどころか、むしろイスラーム主義者やその共鳴者・支持者たちの声を封殺することにつながり、結果的に独裁政治やテロリズムといった諸問題を助長する一因となりかねない。

本章を通じて見てきたように、多様性と変化に満ちたイスラーム主義の実態を摑んでいくためには、政治と宗教をめぐる従来の枠組みを問い直すことから始めなくてはならない。それは、

「政治と宗教の関係」だけでなく、「政治」と「宗教」のそれぞれの位相自体が宙に浮いた状態を想定することになる。

その状態を生んだ事件こそが、次章で論じる二〇世紀初頭のオスマン帝国の崩壊とその後の国民国家の形成である。

第2章 長い帝国 崩壊の過程

オスマン帝国の帝都イスタンブル(1900年頃, Getty Images)

1　イスラームにおける国家

イスラーム国家とは何か

イスラーム主義者は、イスラームの教えに基づいた社会や国家こそが「あるべき秩序」だと考える。つまり、彼ら彼女らの目には、現実の社会や国家、すなわち公的領域がイスラームではない何か別のものによって規定されていると映っていることになる。

現代の中東諸国は、かつてこの地に君臨したイスラーム国家オスマン帝国(一二九九～一九二二年)の版図に大きく重なる(「はじめに」の**地図「中東諸国と周辺の国々」**参照)。

イスラーム国家とは、伝統的にはイスラームの諸原則に立脚する国家のことであったが、現代ではイスラーム法によって統治される国家を指す場合が多い。

イスラーム国家は、法の扱いをめぐって、近代西洋起源の国民国家と様相を大きく異にする。伝統的なイスラーム政治思想では、国家はイスラーム法を執行する機関と位置づけられる。国民国家では、法(憲法、刑法、民法など)が主権者である国民によって定められるのに対して、イスラーム国家では、国家が形成される以前から神を主権者とする法、すなわちイスラーム法が存在する。つまり、イスラームの理念においては、ある国家を統《す》べるために人が法をつくるのではなく、神の法を体現するために国家がつくられるのである。

そのため、そこでは、ある国家が、権力者の腐敗や戦争による荒廃など何らかの理由でイスラーム法の執行ができなくなったときに、別の国家にすげ替えられるという想定が含まれる。アラビア語で国家のことをダウラと言うが、元来は「入れ替わるもの」「転換するもの」の意味があり、伝統的には世襲権力、つまり王朝のことを指した。このダウラを王朝と捉える用法は、八世紀末以降に一般化したと考えられている。

イスラーム王朝の系譜

オスマン帝国は、このイスラームの歴史における諸王朝の系譜に名を連ねる国家であった。以下では、少し歴史を遡って、その系譜を瞥見してみよう。

イスラームが誕生した七世紀には、預言者ムハンマドに率いられた単一の共同体（詳しくは第3章で論じるが、これをウンマと言う）が実現されていた。しかし、その後、カリフ（預言者の後継者、代理人）がムスリムたちを束ねた正統カリフ時代（六三二〜六六一年）を経て、共同体は分裂し、様々な王朝が併存する状況が生まれた。それらの王朝のなかには、ウマイヤ朝（六六一～七五〇年）、アッバース朝（七四九～一二五八年）、ファーティマ朝（九〇九～一一七一年）、セルジューク朝（一〇三八～一一五七年）、アイユーブ朝（一一六九～一二五〇年）、マムルーク朝（一二五〇～一五一七年）、ティムール朝（一三七〇～一五〇七年）、サファヴィー朝（一五〇一～一七三六年）、カージャール朝（一七九六～一九二五年）などがあった。どの王朝も、様式の違いや程度の差はあれ、イスラームという宗教に統治の正統性を委ねていた。

オスマン帝国は、このイスラームの王朝史の重要な一部を構成する国家であった。ただし、多くの歴史学者が指摘するように、オスマン帝国が発足当時からイスラーム国家と呼べるほど「イスラーム的」であったかどうかについては留保がいる。実際には、オスマン帝国のスルターン（君主）が自らの統治の正統性をイスラームに強く求めるようになったのは、一六世紀にマムルーク朝を滅ぼし、イスラームの聖地マッカ（メッカ）とマディーナ（メディナ）をその版図に収めるようになってからであった。

その後、西洋列強による東方進出が本格化し、帝国の存続が危ぶまれるようになった一八世紀には、スルターンが預言者のカリフを兼任する「スルターン＝カリフ制」が導入され、政治権力を宗教権威で補強することが試みられた。オスマン帝国は、スルターン＝カリフが、帝国臣民にとっての最高権力者だけではなく、全世界のムスリムにとっての宗教権威であると主張した。

なかでも、アブドュルハミト2世(一八四二〜一九一八年)は、帝国の内外に向けてこの主張を強く打ち出した。一八九〇年(明治二三年)に紀伊大島の樫野埼《かしのざき》東方(現在の和歌山県串本町沖)海上で難破・沈没した軍艦エルトゥールル号の日本への派遣も、その一環であった。

こうして見てみると、イスラーム法による統治の実施が、オスマン帝国にとっての目的であったのか、それとも手段であったのか、議論の余地はある。しかし、確かなのは、いずれにしても、オスマン帝国時代においては政治と宗教の関係は主要な争点にはならなかったことである。国家の「正しさ」は宗教的な「正しさ」によって保証されており、政治と宗教は不可分の関係にあったのである。

2　オスマン帝国の崩壊

帝国領の植民地分割・支配

このようなイスラーム国家としてのオスマン帝国の統治原理は、一九世紀以降、大きく揺らいでいった。その背景には、近代西洋起源のナショナリズムや世俗主義が帝国領内に暮らす人びとの間で影響力を強めていったことがあった。また、オスマン帝国が自ら近代西洋を範とした制度や法律を導入したことの影響もあった。一八三九年のギュルハネ勅令に始まったタンズィマート（改革）は、帝国を中央集権国家へとつくりかえる大改革であり、紛れもなく西洋的近代化を志向するものであった。

しかし、イスラーム国家としてのオスマン帝国の統治原理を本格的に揺るがしたのは、西洋列強の植民地主義による分割・支配の拡大であった。それは、帝都イスタンブルから遠く離れた周縁部から始まった。広大な帝国領のうち、イギリス（大英帝国）がイエメン（一八三九年）、休戦海岸（現在のアラブ首長国連邦、一八五三年）、エジプト（一八八二年）、スーダン（一八八九年）、オマーン（一八九一年）、フランスがアルジェリア（一八三〇年）、チュニジア（一八八一年）、モロッコ（一九一二年）、また、イタリアがリビア（一九一一年）を、それぞれ植民地とした。

その後、二〇世紀に入ると、第一次世界大戦の敗戦国となったオスマン帝国は解体され、周縁部だけでなく、中心部を含むその領土の大半が西洋列強に植民地分割・支配された。一九二三年に共和国として独立を宣言したトルコは、植民地となるのを免れたものの、その他の旧帝国領の大部分は、イギリス、フランス、イタリアなどによって植民地分割・支配された。

これらの植民地を領域的に分かつことになった境界線の根拠には濃淡があった。別の言い方をすれば、植民地分割・支配が生み出した新たな政治共同体の「人工性」の度合いには地域差があった。民族、宗教、宗派などのまとまりを持った人間集団、大都市を中心とした経済圏、王朝の歴史的な支配領域など、境界線の画定に一定の根拠を見出すことができる地域もあれば、宗主国の一方的な意図や都合が強く反映された地域もあった。

そのなかでも、特に「人工性」が高かったのが、旧帝国領トランスヨルダン（現在のヨルダン）、パレスチナ／イスラエル、イラク（以上イギリス領）、シリア、レバノン（以上フランス領）であった。これらの諸国の境界線の画定と植民地分割・支配を決定づけたのが、英仏露の外交密約であるサイクス＝ピコ協定（一九一六年）であり、第一次世界大戦の講和条約であるセーヴル条約（一九二〇年）であった。いずれの植民地も、それぞれの地域の事情や住民の意思を十分に反映したものではなかったため、自己完結的な政治共同体として存立するには根拠も正統性も薄弱であった。

「植民地国家」の西洋的近代化

西洋列強による旧オスマン帝国領の植民地分割・支配のかたちについては、実際には植民地に加え、委任統治、共同統治、保護領、条約、占領などのバリエーションがあった。しかし、それらの間には、政治学者R・オーウェンが呼ぶ「植民地国家(colonial state)」としての共通の様式が存在した。

「植民地国家」とは、新たに設置された「首都」を中心とした中央集権的統治の確立と「国民」を単位とした世俗的な「政治的領域」(ズバイダ)の形成によって特徴づけられる、中東におけるまったく新しい政治共同体のあり方であった。それは、つまるところ、国民国家のプロトタイプであった。

そのため、旧オスマン帝国領が西洋列強による植民地分割・支配によって「植民地国家」へと変容していく過程は、それまで社会や国家のあり方を規定してきたイスラームが公的領域から押しやられていく過程でもあった。そして、宗主国によって西洋的近代化が推し進められた「植民地国家」では、公的領域を西洋列強が担い、他方、私的領域を中東の人びとが担うという役割の分化が進み、支配／被支配の関係が固定化していった。

しかし、こうした西洋的近代化の流れを決定づけたのは、皮肉にも「植民地国家」ではなく、オスマン帝国の崩壊後に国民国家としての新たな船出を成功させたトルコであった。帝国から受け継いだカリフ制を一九二四年に廃止したのである。それは、カリフのような全世界のムスリムにとっての宗教権威を戴き続けることが、トルコ民族／国民だけのための自己完結的な国民国家としての歩みとは矛盾したためであった。これを受けて、中東では、国家の「正しさ」とイスラームにおける「正しさ」を結びつける統治原理は急速に力を失っていった。

西洋的近代化の光と影

オスマン帝国の崩壊とそれに伴うイスラームに基づく統治原理の衰退は、そこで暮らしてきた人びとに対して、制度や法律のあり方はむろんのこと、そもそも国家とは何か、そこでどう生きるのか、といった実存をめぐる発想の転換を迫るものであった。

自分は何のために生きているのか。例えば、それまで神のために生きてきた人が、これからは国民国家や民族／国民のために生きることになる。あるいは、自分は何者なのか。それまで同じムスリムだったのが「イラク人」となり、「シリア人」や「エジプト人」とは区別される。帝国の崩壊と植民地化、そして国民国家の創出は、そこで暮らしてきた人びとのアイデンティティを激しく揺るがした。

その後、これらの「植民地国家」が第二次世界大戦を経て国民国家として独立を達成すると、各国ではさらなる西洋的近代化が推し進められた。例えば、西洋諸国を範とした司法、立法、行政の諸制度や官僚機構の整備、国旗や国歌の制定、国軍や警察の創設といった政策が次々に打ち出されていった。これに伴い、かつてオスマン帝国で国家の「正しさ」を担保していたイスラームは、公的領域から私的領域へとさらに押しやられ、政治的な役割を失っていった。つまり、さらなる世俗化が進んだのである。

しかし、問題は、新たに誕生した中東諸国がイスラームに代わる「正しさ」を欠いていたことであった。特に国家としての存立根拠に関わる「人工性」が高かったトランスヨルダン、シリア、レバノン、イラクにおいて、支配者たちは統治の正統性を確立することに苦慮した。そのため、国内での権力争いが絶えず、クーデタ、独裁政治、低開発、内戦、戦争などが頻発した。例えば、シリアは、一九四六年の独立から最初の二〇年あまりの間で少なくとも四度のクーデタと三度のイスラエルとの戦争を経験し、政情不安や経済的停滞に苦しんだ。レバノンは、一九五八年に一時的に内戦状態に陥った。

独自の国民国家を創出することに成功したトルコでも、「建国の父」ムスタファー・ケマル(アタチュルク、一八八一〜一九三八年)初代大統領が、オスマン帝国時代の宗教権威の維持にこだわる勢力との権力争いを繰り返した。また、オスマン帝国の版図の外で独自の帝国を築いてきたイランでも、植民地化の苦難は免れたものの、アメリカを庇護者とする国王(シャーの称号)による独裁政治が横行した。

3　二つの思想潮流のはざまで

「もう一つの近代」を追い求める

オスマン帝国の崩壊によって国家の「正しさ」を支えるものが失われ、その空白を西洋的近代化が埋めていく。植民地分割・支配を通して中央集権的な国民国家群として創出された中東諸国では、社会と国家の世俗化が進められていった。しかし、それは、中東のすべての人びとに平和と繁栄を約束するものではなかった。それどころか、クーデタ、独裁政治、低開発、内戦、戦争などの諸問題が頻発した。

こうしたなかで、イスラーム主義は、「帝国後」の時代における世俗主義の拡大に対する反動として、そして、西洋的近代化とは異なる「もう一つの近代」を追い求めるイデオロギーとして、誕生・発展していった。つまり、新たに創出された国家の「正しさ」を宗教的に補強し、次々に立ち現れる諸問題を解決するための処方箋を示すだけでなく、場合によっては、その国家を「イスラーム的」な「正しさ」に依拠しながら根底から造り直すことさえも訴えたのである。そのため、西洋的近代化の行き詰まりが深刻化すればするほど、中東の人びとのイスラーム主義への期待は高まることとなった。

中東の人びとにとって輝かしい未来を約束するのは、西洋的近代化と軌を一にする世俗主義なのか、それとも宗教に基づく社会と国家の再編を目指すイスラーム主義なのか。二つのイデオロギーは、それぞれ異なる道を示しながら、「帝国後」の時代の中東の「あるべき秩序」を模索する大きな思想潮流となっていった。

長い帝国崩壊の過程

しかし、中東の人びとの誰もが納得できるような「あるべき秩序」は、二一世紀の今日まで見つかっていない。だからこそ、現代の中東は政治的な不安定に繰り返し見舞われてきたのである。

むろん、その安定／不安定の度合いは中東諸国の間でも一様ではない。そのなかには、政治と宗教の関係、あるいは国家の「正しさ」をめぐる課題を依然として抱えながらも、相対的に安定を見せている諸国もある。

例えば、マッカとマディーナの二大聖地を擁するサウジアラビアは、イスラームの教えに基づく王国――いわば現代のイスラーム王朝――として君臨してきた。アラブ首長国連邦やクウェートなどの産油国は、政治と宗教の関係を真正面から引き受けるよりも、豊富なオイルマネーを梃子《てこ》にした経済発展と移民労働者の大量受け入れによって、国民国家としての経済的繁栄と国民意識の醸成に努めてきた。

一方、不安定さが目立つのが、先に述べたシリア、レバノン、パレスチナ／イスラエル、イラクなどから構成される「アラブの心臓」である。パレスチナ問題、クルド問題、そして「イスラーム国」の台頭など、現行の国民国家の存立を根底から揺るがすような深刻な問題群がこの地に集中してきた。

このように、中東諸国の間で安定／不安定の度合いは異なるが、「帝国後」の時代の「あるべき秩序」の模索が続いていることについては、多くの専門家が見解を同じくしている。歴史学者A・シュライムは、中東の慢性化した政治的な不安定を「ポスト・オスマン症候群」と呼び、オスマン帝国の崩壊後に生じた「新たな政治的・領域的秩序に関する正当性の欠如」にその原因を見出した。また、「国家と国民の不均衡」（B・ミラー）や「領土と（民族／国民の）アイデンティティの不一致」（R・ヒンネブッシュ）といった表現に見られるように、中東諸国が国民国家としての存立根拠や統治の正統性に脆弱性を抱え続けていることは、繰り返し指摘されてきた。

現代の中東は、「帝国後」の時代における「あるべき秩序」の模索が続く、「長い帝国崩壊の過程」にあると捉えることができる。むろん、その過程における産みの苦しみとも言える政治的な不安定がいつまでも続くことが望ましいわけではない。しかし、だからこそ、偏見や先入観に惑わされることなく、イスラーム主義がなぜ生まれたのか、何を目指しているのか、その意義と役割を中東の歴史的なコンテクストのなかに位置づけながら理解していく必要がある。

単純な二分法を超えて

世俗主義とイスラーム主義の相克は、中東の各国で繰り返し見られてきた。例えば、イランでは、一九七九年、イスラーム主義者たちが世俗主義者の国王による独裁政権を打倒し、革命を成就させた(第5章2参照)。二〇一一年の「アラブの春」によって民主化したエジプトでは、選挙で世俗主義者とイスラーム主義者の対決が繰り広げられた(第7章2参照)。

ただし、ここで注意すべきは、観察者である私たちが、イスラーム主義と世俗主義のいずれかを中東の諸問題に対する解決策とする主張から距離を置き、あくまでも、両者の相克を現実として客観的に見なければならないことである。

にもかかわらず、観察者たちが、自らの主観的な信念やイデオロギーの立場から、イスラーム主義と世俗主義のいずれかの完遂を是とする論陣を張ることも少なくない。とりわけ、世俗主義に基づく西洋的近代化を既定路線とする近代化論は、世界各国の政策決定者、マスメディア、アカデミアにおいて依然として強い影響力を持っている。他方、イスラームやイスラーム主義に、近代化論へのアンチテーゼとしての価値や期待を過剰に読み込む議論もある。

だが、中東の人びとの営みを直視すれば、現実がそれほど単純でないことがわかる。確かに、イスラーム主義と世俗主義は、現代の中東の二大思想潮流であり、それぞれ強力な磁場をつくってきた。しかし、人びとは、そのいずれかに身を委ねながらも、常に互いに相手を意識しながら、様々な思想的なイノベーションを試みてきた。そして、その試みは、あるときは衝突し、あるときは融和を見せながら、中東の現実をかたちづくってきた。それらはすべて、オスマン帝国崩壊後の「あるべき秩序」を模索する営みであった。

世俗主義者でなければイスラーム主義者、イスラーム主義者でなければ世俗主義者、といった単純な二分法を退けることではじめて、二つの思想潮流のはざまで苦悩や葛藤を抱えながら様々な思想を紡ぎ出そうとする彼ら彼女らの豊かな営みを捉えることができるのである。

第3章 イスラーム主義の誕生

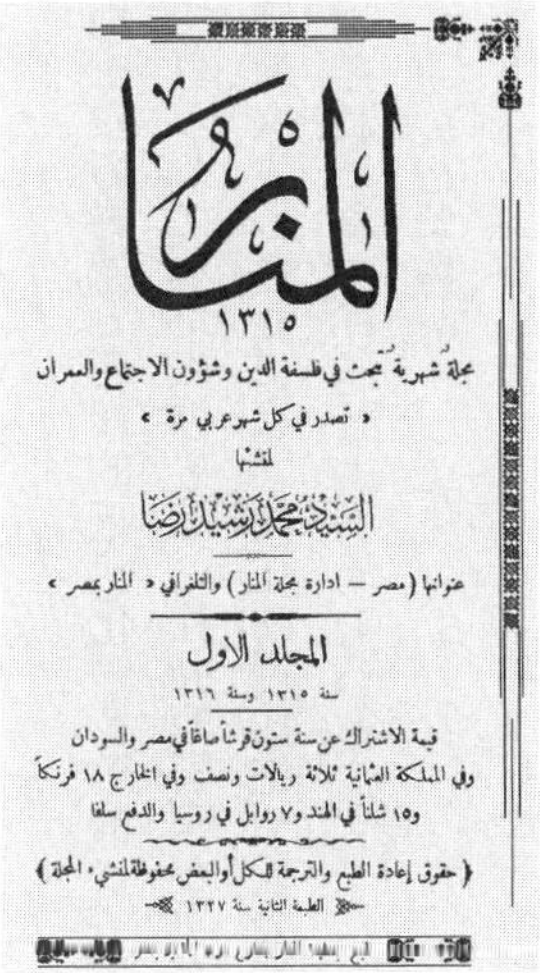
المنار
١٣١٥
مجلة شهرية تبحث في فلسفة الدين وشؤون الاجتماع والعمران
« تصدر في كل شهر عربي مرة »
لمنشئها
السيد محمد رشيد رضا
عنوانها (مصر — ادارة مجلة المنار) والتلغراف « المنار بمصر »
المجلد الاول
سنة ١٣١٥ وسنة ١٣١٦
قيمة الاشتراك عن سنة ستون قرشاً صاغاً في مصر والسودان
وفي المملكة العثمانية ثلاثة ريالات ونصف وفي الخارج ١٨ فرنكاً
و١٥ شلناً في الهند و٧ روابل في روسيا والدفع سلفا
« حقوق إعادة الطبع والترجمة للكل أو البعض محفوظة لمنشئ المجلة »
الطبعة الثانية سنة ١٣٢٧

『マナール』創刊号の表紙
（1898年3月）

1　イスラーム主義の思想的起源

イスラームにこだわり続ける論理

一九世紀に本格化した西洋列強による植民地主義の脅威と西洋的近代化の波の前に、激しく動揺するイスラーム国家オスマン帝国。そこで暮らしていた人びとは、社会や国家が次々に組み替えられていくのを目の当たりにする。彼ら彼女らのなかには、西洋的近代化や社会や国家の世俗化を「歴史の必然」や「進歩」と捉え、それに身を任せる者たちもいた（詳しくは第5章1で論じるように、彼ら彼女らの多くは、ナショナリズムに傾倒していった）。

他方で、それまで自らが信奉していたイスラームによる社会や国家の立て直しこそが自らの歩む道であり、また、イスラームこそが西洋列強に打ち勝つための力であると考える人びとも現れた。「帝国後」の「あるべき秩序」の模索における複数の選択肢のなかからイスラームを主体的に選んだという意味で、ここにイデオロギーとしてのイスラーム、すなわちイスラーム主義の萌芽を見ることができる。

しかし、観察者である私たちには、次のような疑問が生じるであろう。彼ら彼女らは、イスラームに立脚してきたオスマン帝国が西洋列強に圧倒され続けているにもかかわらず、なぜイスラームに対する信頼を失わなかったのか。なぜ西洋的近代化こそがよりよい社会や国家を築くことができると考えなかったのか。

ムスリムたちがオスマン帝国の衰退を目の当たりにしてもなおイスラームにこだわり続けた背景には、西洋列強への対抗意識や植民地化への恐怖もあった。西洋列強の侵略に対抗するために、自らの文化、歴史、伝統、アイデンティティを再興させようとする動きは、オスマン帝国だけでなく、日本を含む非西洋世界の各地で見られた現象であった。西洋的近代化がその後の世界を席巻したのはあくまでも結果論であり、それを知るよしもない当時の人びとが長年拠り所にしてきたものにこだわり続けたのは道理であろう。

だが、オスマン帝国の場合を考える際には、こうした共時的・地域横断的な現象としてだけでなく、イスラームという宗教に特有の考え方を見る必要がある。すなわち、第2章で述べた、万物の創造主であり全知全能の神とその神の被造物に過ぎない非力な人間、という鮮明な対比に基づく考え方である。

この考え方に基づけば、イスラームの教えに依拠した統治を行っていたオスマン帝国が衰退したのは、イスラームという宗教それ自体に問題があったからではなく、人間が神の意思であるイスラームへの信仰と実践に対する努力を怠ったから、ということになる。このような、ムスリムたちのイスラームへの信仰と信頼に基づく自己反省的な姿勢が、後のイスラーム主義の基本的な発想となっていく。

イスラーム改革

では、イスラームが持つ本来の力を蘇らせるために、人間はどうすればよいのか。神の意思をより正しく理解するためには、どうすればよいのか。この問題に取り組んだのが、「イスラーム改革(Isramic reform)」という考え方であった。

イスラームが持つ本来の力を引き出すためには、まず、「非イスラーム的」なものを洗い出す必要がある。ただし、その作業は、過去に人間が培ってきた知の伝統を基準に事物を整理するだけでは不十分である。必要なのは、その基準自体を今一度問い直してみることである。知の伝統は、人間の努力の結晶に他ならないが、それに盲目的に従うことは、結果的に神の意思を理解しようとする努力を怠ることにつながりかねない――つまり、イスラーム改革は、何が「イスラーム的」なのか、何が「非イスラーム的」なのかという、根源的な問題に今一度取り組むことを謳ったのである。

実は、こうした発想は、植民地主義の時代以前にも存在した。その代表格が、イスラーム四大法学派の一つであるハンバル派の法学者ムハンマド・ブン・アブドゥルワッハーブ（一七〇三～九二年）が、一八世紀のアラビア半島で興した宗教改革運動、通称ワッハーブ運動である。

ワッハーブ運動は、中世の法学者イブン・タイミーヤ（一二六三～一三二八年）の影響を受けた厳格なイスラーム解釈で知られ、既存の神学や法学の権威を否定し、クルアーンやハディース（預言者の言行録）の字義通りの解釈にこだわった。そして、自分たちこそが真のムスリムであると自負する半面、彼ら彼女らの基準に満たないムスリム、例えば、スーフィズム（神秘主義）やアニミズム（精霊信仰）を奉じる人びとなどを「非イスラーム的」だとして指弾した。

ただし、ワッハーブ運動が「非イスラーム的」と見なした事物は、植民地主義や西洋的近代化によってもたらされたものではなく、ムスリムたちの「堕落」から生じたものとされた。その意味において、ワッハーブ運動は、ムスリムたちの間の「内部的改革運動」（大塚）であった。

これに類似する宗教改革運動は、アブドゥルワッハーブのほか、インドのシャー・ワリーユッラー（一七〇三～六三年）やイエメンのムハンマド・シャウカーニー（一七六〇～一八三四年）によっても興された。

この「内部的改革運動」は、一九世紀に入り西洋列強による植民地主義の脅威がムスリムたちの暮らす各地へと及ぶなかで、「イスラーム的」を今一度問い直そうとする基本姿勢を保ちながら、新時代のイスラーム改革の考え方につながっていった。その最大の特徴は、近代西洋が生んだ思想や科学を単純に拒絶することなく、むしろ、それらに寛容とも言える姿勢を見せたことであった。

近代西洋からもたらされる新たな事物を「非イスラーム的」と安易に断じるのは、既存の神学や法学の伝統や権威に寄りかかった思考停止に過ぎない。実際には、人間が真摯に神の意思に向き合えば、それらが「イスラーム的」であることを発見する可能性がある――イスラーム改革は、近代西洋との関係をこのように捉えたのである。

つまり、イスラーム改革は、「イスラームか、それとも西洋か」といった単純な二分法を乗り越えようとする試みであった。西洋列強に対抗するために、いわば「毒をもって毒を制す」かたちで西洋的近代化に身を委ねるのでもなく、逆にイスラームの伝統や権威の内部に引きこもってしまうのでもなく、人間が理性を駆使して神の意思の理解に努めることで、「イスラーム的」な「もう一つの近代」を提示しようとしたのである。

2　イスラーム改革者たち

アフガーニーが鳴らした警鐘

イスラーム改革の先駆者として広く知られているのが、イラン出身のジャマールッディーン・アフガーニー（一八三八／九～九七年）である。

アフガーニーは、伝統的なイスラーム教育を受けた後、滞在中のインドでイギリスによる植民地支配の実態を目の当たりにした。その後、オスマン帝国の帝都イスタンブル、カイロ、パリ、ロンドン、モスクワ、テヘランなどを歴訪し、近代西洋が生み出した思想や科学に触れながら、ウンマ（イスラーム共同体）の衰退に警鐘を鳴らし続けた。

アフガーニー

ウンマとは、いわばムスリムたちによる「想像の共同体」である。イスラームは、信徒と神との一対一の関係だけでなく、信徒と信徒との集合的な関係を重視する。クルアーンには「これは汝らのウンマ、単一のウンマである」（諸預言者章第九二節）と記されており、ウンマの単一性を信じることはイスラームの根本的な教義の一部をなす。

アフガーニーの主張の創見は、長らく停滞していたイジュティハードと呼ばれるイスラーム法解釈の営為を活性化させることで、イスラームが本来の力を蘇らせ、このウンマの危機を克服できるとしたことにあった。それは、信仰に真摯に向き合うことで、結果的により良い／善い社会や国家を築くことができるとする、政治と宗教の不可分の関係を説く考え方であった。

五〇〇年以上続いたオスマン帝国の天下太平の世においては、イスラーム法解釈の営為の必要性が低下しており、「イスラーム的」と「非イスラーム的」の定義についてはそれまでの伝統や権威が踏襲されていた。しかし、一九世紀以降の西洋的近代化の波とともに新しい事物が次々に訪れるようになったのを受けて、アフガーニーは「イスラーム的」とは何か、今一度神の意思に真摯に向き合わねばならないと説いた。

では、アフガーニーにとっての「イスラーム的」とは、どのようなことだったのか。彼が問題視したのは、西洋的近代化の波がウンマへと押し寄せるなか、地上の存在のすべてを物質に還元する物質主義者が跋扈《ばっこ》するようになったことであった。物質主義者は自然を崇めることで、イスラームの教えの根幹である神の唯一性と至高性を損ねる。彼は、そのことがムスリムたちを分裂させ、結果的に西洋列強に抵抗する力をウンマから奪っていると批判した(『物質主義者への反駁』)。

ただし、アフガーニーは、単純に物質に対する精神の優位性を謳ったわけではなかった。彼はむしろ、理性による明白な裏付けがなければ確かな信仰はあり得ないと考えていた。こうした考え方は、物質と精神、あるいは理性と信仰を対置させ、前者を「先進的」な近代西洋、後者を「後進的」なイスラームと捉える植民地主義特有の支配様式――サイードが批判したオリエンタリズム――を脱構築する契機を含むものであった。

彼はさらに、公的領域に集合的な精神的充足を得ることでムスリムの団結とウンマの力を強化できると説いた。それは、「精神的充足を満たすための私的領域」と「物質的快楽を司る公的領域」という世俗主義が想定する二分法をも乗り越えようとする試みであった。

このようなアフガーニーの思想には、近代西洋を「非イスラーム的」と断罪・拒絶するような硬直した姿勢は見られない。近代西洋が生み出した思想や科学も、突き詰めれば神の被造物であり、イスラームの教えと矛盾するとは限らない。それを最初から矛盾すると退けてしまうのは、人間の知的怠惰に過ぎない――それは、紛れもなく、イスラーム改革の考え方であった。

こうした新たな思想――イスラーム改革思想――を紡ぎ出したアフガーニーは、西洋列強だけではなく、神学や法学の伝統と権威の担い手、さらには、オスマン帝国のスルターン＝カリフからも危険視された。帝国の当局に拘束・幽閉された彼は、一八九七年、イスタンブルで客死することになった。

アブドゥと『固き絆』

アジアからヨーロッパの各地を歴訪したアフガーニーは、一八八四年、パリで自身のイスラーム改革思想を世界に発信するために、『固き絆』と題する政治評論誌を発刊した。誌名は、「すでに真実と虚妄は分別された。それゆえ、偽神を退けてアッラーを信じる者は、決して壊れることのない固き絆を握った者である」（雌牛章第二五六節）というクルアーンの章句に由来する。

『固き絆』は、同年三月から一〇月まで通算一八号が刊行され、世界各地のムスリムたちが直面する数々の困難、とりわけ西洋列強による植民地主義の脅威――それは、軍事面・文化面の二重の脅威として訪れていた――を乗り越えるためには、あらためて「イスラーム的」とはどういうことか問わねばならないと説いた。字数の分量は単行本一冊に収まる程度だが、その鮮烈な主張は各地のムスリムたちに大きな影響を与えた。例えば、エジプトのウラービー運動

（一八八一〜八二年）やイランのタバコ・ボイコット運動（一八九一〜九二年）など、ムスリムによる反植民地運動の背後にも同誌の思想の影響が見られた。

『固き絆』に収められた数々の論考では、植民地主義に対する非難とともに、ウンマの危機に対して無力なムスリムの為政者たちへの批判が繰り返された。アフガーニーは、「本当にアッラーは、人が自ら変えない限り、決して人びとの運命を変えない」（雷電章第一一節）というクルアーンの章句を繰り返し引用しながら、ムスリムたちを誤った運命論や諦観から解き放とうとしたのである。

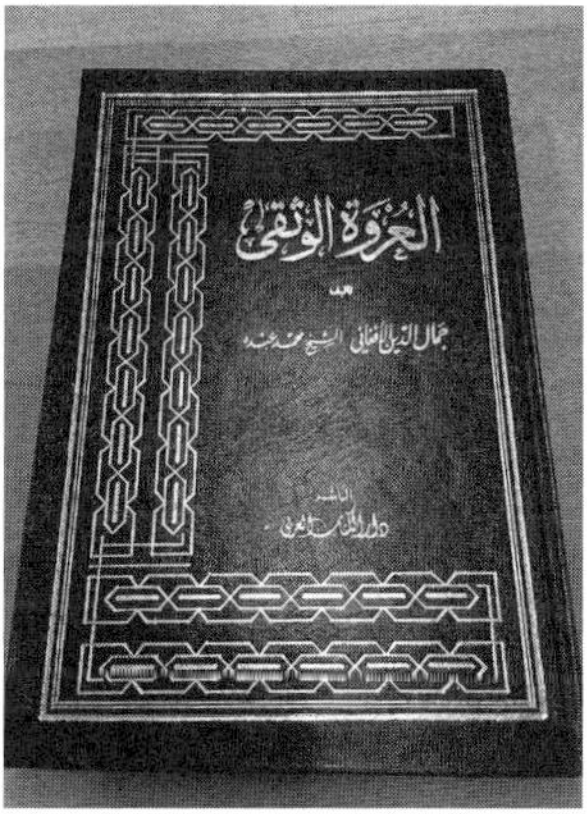

『固き絆』（復刻版）

アフガーニーは、『固き絆』を自身の弟子とともに作り上げた。エジプト出身のムハンマド・アブドゥ（一八四九〜一九〇五年）である。アフガーニーが発行責任者を、アブドゥが編集長を務め、師の思想を弟子が書き綴るというかたちがとられた。アブドゥは、誌上に「思想はすべて我が師、表現はすべて私の筆から」と書き記している。他方、アフガーニーは、エジプトを去る際に「私はムハンマド・アブド

アブドゥ

ゥを残していく。彼は、エジプトの指導者に相応しい人物である」という言葉を残したと言われており、アブドゥのことを高く評価していた。

アブドゥは、ウラマー(イスラーム法学者)になるための伝統的なイスラーム教育を修めた人物であった。しかし、自身が勉強したエジプトの最高学府アズハル学院の古色蒼然とした教育のあり方に対して次第に疑問を抱くようになった。そして、その当時エジプトに滞在していたアフガーニーに弟子入りし、新時代のイスラーム改革思想に傾倒していった。

その後も伝統的なウラマーよりも、世俗的な師範学校(ダール・アル＝ウルーム)の教師の道を選び、自宅で近代西洋思想の学習会を独自に開くなど、イスラームと近代西洋が生み出した思想や科学との接点を模索した。そうしたなか、一八八一年に起こったウラービー運動に荷担した容疑で当局に逮捕され、国外追放処分を受けた。その際、パリにいたアフガーニーの元に身を寄せ、そこで『固き絆』の発刊に尽力したのである。

その後、一八八八年にエジプトへの帰国を許されたアブドゥは、今度は既存の教育機関を拠点にその活動を続けた。アズハル学院の運営委員会のメンバーやエジプトの最高ムフティー(イスラーム法解釈の権威)を歴任し、アフガーニーのイスラーム改革思想の理論化と発展に努め、エジプトの法や教育の分野に大きな変革をもたらした。

こうしたアブドゥの活動の根底にあったのは、「啓示と理性の調和」、つまりイスラームの教えと近代西洋の思想や科学が両立するという信念であった。彼は、イスラームは本来的に理性による合理的思考を求めているとし、人智の及ばない神からの啓示だからこそ、人間が備え持つ理性を行使することで正しく理解しなくてはならないと説いた。アブドゥによれば、理性は近代西洋の専売特許などではなく、したがって、その所産である思想や科学をムスリムが拒絶する根拠などない、ということになる(『タウヒード論』)。

つまり、アブドゥは、西洋的近代化を礼賛する「近代主義者」でも、反対にそれを拒絶するだけの「伝統主義者」でもなく、いわば中庸の道を歩んだのである。

3　イスラーム改革思想からイスラーム主義へ

中庸の思想の継承者たち

このアブドゥの中庸の思想は、柔軟性と寛容性を備えていたことから、イスラームと近代西洋の間で揺れ動くムスリムたちに広く受け入れられ、多くの弟子たちを集めた。そして、その弟子たちは、師の教えの通り、理性の行使を通じて積極的に「イスラーム的」の解釈に取り組んだ。

ところが、アブドゥの思想は、それが中庸であったがゆえに、それぞれの弟子によって異なるかたちで受け継がれ、その結果、分裂や混乱に直面することになった。彼が唱えた「啓示と理性の調和」を独自に体現しようとする弟子たちのなかからは、イスラームから西洋的近代化を解釈するのではなく、反対に西洋的近代化の観点からイスラームを再解釈しようとする者たちも現れた。そのなかには、イスラームにおける世俗化の可能性を説いたアリー・アブドゥル・ラーズィク（一八八八〜一九六六年）や『女性の解放』を著したカースィム・アミーン（一八六三〜一九〇八年）、エジプト独立運動の指導者となったナショナリストのサアド・ザグルール

（一八五八頃〜一九二七年）などがいた。

しかし、アブドゥが実際に目指したのは、あくまでもイジュティハード、すなわち、イスラーム法解釈の営為の活性化を通したウンマの復興であった。特に、彼は、中世以来の神学や法学の権威に盲従することなく、預言者ムハンマドをはじめとするサラフ（父祖）の時代の原典であるクルアーンとハディースに今一度立ち返って、理性を駆使しながら「イスラーム的」を解釈し直す必要性を訴え続けた。

このような、後世の人間が築き上げた権威から距離を置き、サラフが体現した原点を重視しようという考え方は、サラフィー主義（サラフィーヤ）と呼ばれた。

リダー

リダーと『マナール』

アブドゥのこのサラフィー主義的側面を受け継いだ弟子が、シリア（現在のレバノン）出身のムハンマド・ラシード・リダー（一八六五〜一九三五年）であった。彼は、幼少より伝統的なイスラーム教育を受けたいわば正統派のウラマーであったが、あるとき手に取った『固き絆』に綴られたイスラーム改革思想に衝撃を受ける。そして、一八九七年、リダーが三二歳のとき、アブドゥに師事するためにエジプトへの移住を決断した。

彼は、「第一の師（アフガーニー）を失った今、私は、第二の師を失ってはならないと、（現在のレバノン北部の）トリポリでの学業を終え、アーリムの資格（ウラマーとしての学位）を取得するや、急ぎカイロに移り住んだ」と書き残している（『ムハンマド・アブドゥ伝』）。

カイロに渡ったリダーは、アブドゥとともに『固き絆』に代わる新たな雑誌『マナール（灯台）』を創刊した。『マナール』は、一八九八年からリダーが死去するまでの約四〇年間にわたって刊行され続け、「モロッコからジャワまで」の広範な地域に暮らすムスリムたちにイスラーム改革思想を伝えていった。総ページ数は三万にも及ぶ。その思想に共鳴した思想家としては、アブドゥッラフマーン・カワーキビー（一八四九〜一九〇二年）やシャキーブ・アルスラーン（一八六九〜一九四六年）などが知られ、「マナール派」と呼ばれる。

思想家としてのリダーの重要な業績の一つが、現代におけるイスラーム国家のあり方の提示、すなわち、イスラーム国家論を体系化したことであった。その背景には、彼が生きたのが、まさにオスマン帝国がその約七〇〇年の歴史に終止符を打った激動の時期であったことがある。

帝国の崩壊により、中東の大半が西洋列強によって植民地化されただけでなく、世界中のムスリムにとっての宗教権威であるカリフ制が廃止された。そのため、アフガーニーやアブドゥとは異なり、リダーにとっての喫緊の課題は、「帝国後」の権力と権威の空白に「あるべき秩序」を一刻も早く打ち立てることであった。

リダーは、「あるべき秩序」としてのイスラーム国家について、二つの新たな創見を提示した。

一つは、ウラマー自らが統治者となるべきであるとする主張であった（法学者元首制）。イスラーム法の執行機関としての国家を統べる者は、必然的に「イスラーム的」に正しい者でなくてはならない。したがって、伝統や権威に縛られず、新時代に則したかたちでイスラームを理解しようとする者たち、すなわち、イスラーム改革者たちが、ウンマを代表すべき者たち――「解きかつ結ぶ力を持つ者たち」――となるべきだとされた。

もう一つは、イスラーム法の執行ができなくなった国家、例えば、西洋列強による侵略からウンマを防衛できなくなった国家は、武力をもってしても改編しなくてはならないとする主張であった（革命権）（『カリフ制、あるいは最高イマーム職』）。

『マナール』では、ウンマの衰退を許した「伝統主義者」だけではなく、その衰退を加速させかねない「近代主義者」に対しても批判が繰り広げられた。その上で、サラフの時代に立ち返ることこそが、イスラームと近代西洋の思想や科学との調和を可能にする唯一の方法であるとされた。アフガーニーやアブドゥにもサラフが体現した「イスラーム的」なもの／ことへのこだわりはあったが、リダーはそれをいっそう先鋭的かつ体系的なかたちで提示したのである。

そのため、リダーには、イスラーム改革の考え方が本来持っていた柔軟性や寛容性を損ねたといった批判が向けられることにもなった。それでも、本人はアブドゥの生涯を綴った伝記を執筆・刊行するなど(『ムハンマド・アブドゥ伝』)、その一番弟子を自認した。

近代の所産としてのイスラーム主義

アフガーニー、アブドゥ、リダーの三人のイスラーム改革者の思想と活動をあらためて見てみると、この時期に彼らが掲げた理想としての「イスラーム的」が、単にムスリムの内面の信仰に由来するものではなく、近代西洋がもたらした「非イスラーム的」との対比のなかで新たに再構成されたものであったことに気がつくであろう。

このようなムスリムによるイスラームに関する自己言及的な語りを、人類学者D・アイケルマンと政治学者J・ピスカトーリは、イスラームの「オブジェクト化(objectification、客体／対象化)」と呼んだ。

この「オブジェクト化」が起こるまで、ムスリムにとってイスラームは、個人の信仰や社会や国家のあり方と不可分かつ所与のものであった。しかし、一九世紀以降、西洋的近代化と世俗化の波が押し寄せるなかで、イスラームは「非イスラーム的」なもの／ことと対比される相対的な「客体／対象(object)」となった。それは、「非イスラーム的」なもの／こととの比較の後に、選択的・意識的に没入する「客体／対象」としてのイスラームということになる。

ここに、イデオロギーとしてのイスラーム、すなわち、イスラーム主義の萌芽を見ることができる。イデオロギーとは、本質的に他との比較のなかで意識的に選択されるものである。そのため、「オブジェクト化」されたイスラーム――新たに再構成され「客体／対象」となったイスラーム――は、まさにこのイデオロギーとしての性格を備えることになった。「イスラーム主義は、イスラームの歴史と栄光への回帰を掲げるが、それが目指す「回帰」の状態とは、E・ホブズボウムの言い回しだと、「創られた伝統」ということになる」(B・ティービー)。

イスラーム主義は、社会や国家における「イスラーム的価値」の実現を目指すイデオロギーである。しかし、それは、ムスリムの間やウンマの内部から発した宗教改革運動というよりも、西洋列強による植民地主義の脅威や西洋的近代化の波といった外からの刺激をきっかけに生まれたイデオロギーであった。その意味において、イスラーム主義は、紛れもなく近代の所産なのである。

第4章 イスラーム主義運動の登場

カフェ・アル＝フィーシャーウィー（エジプト・カイロ，Getty Images）

1　イデオロギーの時代の到来

公共圏とグローバル化

一八六〇年代から一九三〇年代にかけて活躍したアフガーニー、アブドゥ、リダー。彼らのイスラーム改革思想は、植民地主義の脅威と西洋的近代化の波に直面していた世界各地のムスリムたちに、大きな影響を与えた。それは、その思想が革新的であっただけでなく、ウンマが直面する厳しい現実を捉える確かな視座を持っていたからであった。

だが、アフガーニー、アブドゥ、リダーらのイスラーム改革思想の伝播を支えたのもまた、植民地主義や西洋的近代化による社会や国家の変化であった。

第一に、政治権力の再編に伴う、人が他人と自由に関わり合いを持つ空間、すなわち、公共圏の拡大と、そこにおけるコミュニケーションの活発化である。伝統から解放されたことで自律的な個人（市民）となった人びとは、より自由なコミュニケーションを通して社会や国家の「あるべき秩序」を語り合うようになった。一九世紀末から二〇世紀初頭にかけては、『固き絆』や『マナール』といった印刷メディアの発行が増加する一方で、ウラマーやスーフィー教団が担ってきた伝統や権威が揺らいでいった。その結果、人びとは、「イスラーム的」と「非イスラーム的」を自由に取捨選択しながら、新しい共通の規範を形成していくようになった。

第二に、世界規模での交通網の拡大、すなわち、グローバル化であった。当時は、蒸気船や鉄道などの交通網や郵便網の発達によって世界が劇的に小さくなっていった時代であった。アフガーニー、アブドゥ、リダーの三人は、新たに整備された交通網を駆使しながら旅をし、多くの人と関わり合った。エジプトのアレキサンドリアとフランスのマルセイユの間を結ぶ地中海初の蒸気船定期航路が開通したのが、アフガーニーの誕生直前の一八三五年であり、翌年にはスエズ・ボンベイ間の定期路線が開通した。そして、一八六九年には、エジプトにスエズ運河が開通し、ヨーロッパとアジアの距離が縮まった。『固き絆』も『マナール』も、こうした交通網や郵便網を通して、各地へと流通していった。

大衆社会とイデオロギー

しかし、イスラーム改革思想がいかに世界中のムスリムたちに届いたとしても、それが直ちに各地の社会や国家のあり方に影響を与えたわけではなかった。それは、思想も政治も、いまだ一握りのエリートの手中にあったからである。

思想が綴られたテクストを受容するためには、文字を読むことができ、かつ、その内容を理解するための教養が不可欠であるが、当時において、人びとの多くはそうしたリテラシーを持っていなかった。また、政治についても、王族(世襲君主の親族)や大地主・大商人などの富裕層、そして、彼らを代表する政党や政治家といった社会的エリートと、ウラマーやスーフィー教団などの宗教的エリートの独占物であり、人びとはそれに主体的に参加する権利を持っていなかった。

これを変えたのが、他ならぬ植民地主義と西洋的近代化であった。オスマン帝国諸州のなかで最初に本格的な西洋的近代化政策が打ち出されたのが、ムハンマド・アリー(一七六九〜一八四九年)総督統治下のエジプトであった。そこでは、軍の近代化、農地の国有化、輸出向け農業の振興、西洋列強の技術を導入した工業化が推し進められ、伝統的な社会制度や社会的紐帯が解体していった。

社会的な面では、農村を単位とした自給自足的な伝統的な産業構造は、都市を中心とした工業、建設業、輸送業、小売業などの発展によって大きく変わり、多くの農民が首都カイロをはじめとする都市へと移住した。

他方、宗教的な面でも、それまで主流であった伝統的なイスラーム教育の諸機関が政府の管理下に置かれ、新たに医学校、外国語学校、高等師範学校、国立大学などの近代西洋を範とした教育機関が設立された。このような教育の大衆化は、宗教的な知の相対化だけでなく、人びとのリテラシーの向上をもたらした。

こうして、社会的および宗教的エリートの地位が低下していったが、その結果として起こったのが、大衆社会の出現であった。大衆社会とは、一握りのエリートではなく、大多数の人びとが政治、経済、社会、文化のあらゆる領域に大きな影響を与える社会のことである。

かつて政治に参加する権利を持たなかった人びとにしてみれば、社会や国家について何らかの意思を表明したい場合でも、農民反乱や都市騒擾《そうじょう》を起こす他はなかった。しかし、新たに生じた大衆社会においては、彼ら彼女らが政治の担い手としての自意識を持つようになった。自らの意思で社会や国家の「あるべき秩序」を構想し、その実現のための街頭での集会や抗議デモを起こすようになった。エジプトでは、ザグルール――アブドゥの弟子の一人であった――が主導した一九一九年のエジプト革命に大衆社会の萌芽が見られた。

人びとがイデオロギーを選び取り、主体的に政治に関わるようになっていく。イスラーム改革思想も例外ではなく、ここにおいて、名実ともにイデオロギーとしての性格を持つようになった。つまり、大衆社会のなかで人びとによって選び取られたイスラーム改革思想は、イスラーム主義というイデオロギーとして、社会や国家に働きかけていくようになったのである。

2　ムスリム同胞団の結成

行動の人、バンナー

大衆社会が出現した二〇世紀初頭のエジプトにおいて、イスラーム改革思想をイデオロギーとして選択し、その実現に向けて行動を起こした人物が、ハサン・バンナー(一九〇六〜四九年)であった。

バンナーは、アズハル学院のような伝統的なイスラーム教育機関ではなく、ムハンマド・アリーによる西洋的近代化政策の一環で新たに設置された師範学校の出身者であり、卒業後は小学校の教師の職を得た。彼は、まさにエジプトに新たに成立した大衆社会の申し子であった。ただし、だからといって、バンナーは西洋的近代化に無批判というわけではなかった。イギリスの植民地支配下にあった当時のエジプトにおいて、彼は紛れもなく反英独立闘争の熱烈な支持者であった。しかし、その一方で、西洋列強によって祖国が蹂躙《じゅうりん》されるなかで有効な手立てを打ち出すことのできないウラマーたちに対しても疑念を抱いていた。「近代主義者」でもなく、「伝統主義者」でもなく、いったい自分は何者になるべきなのか。バンナーは煩悶《はんもん》した。

そんな彼に一筋の光を与えたのが、アフガーニー、アブドゥ、リダーらのイスラーム改革思想であった。長らく停滞していたイスラーム法の解釈を再活性化させることで、ムスリムは近代西洋が生んだ思想や科学との共存が可能となり、新たな時代に応じた社会や国家を築くことができる——それは、イスラームと近代西洋のはざまで揺れ動いていたバンナーに、歩むべき道を示すものであった。

バンナーは、当時カイロに居を移していたリダーのもとを訪れ、その講義に参加した。しかし、彼は、そのイスラーム改革思想を、先人たちとは違う方法で教宣(ダアワ)することを決めた。文筆活動やモスクでの説教ではなく、人びとに広く訴えかけるために、カイロ市内に無数に存在するカフェ(マクハー)で独自の説法活動を行ったのである。多いときには一日二〇軒ものカフェをまわり、西洋列強の植民地主義の脅威やイスラームに基づく社会変革と国家建設の必要性を説いた。

バンナーの地道な説法活動は、徐々に賛同者を増やしてい

バンナー

った。そして、それは、いわゆる社会運動——社会が抱える諸問題に対して、その改善や解決のために人びとが集合的に行う行動——へと昇華していった。

ムスリム同胞団

イスラーム主義を掲げる社会運動を、イスラーム主義運動と呼ぶ。その嚆矢《こうし》が、一九二八年にバンナーが結成したムスリム同胞団であった。

バンナーは、社会や国家を「イスラーム的」なものにしていくためには、ムスリムとしての「前進の精神と思考」の涵養が不可欠であり、「イスラームに奉仕する同胞」からなる運動を結成すべきであると説いた。これが、「同胞団」の名前の由来である。彼は、イスラームが「生活の諸相を秩序づける包括的なもの」であるとし、宗教としての「正しさ」の追求なしに国家としての「正しさ」は実現され得ないと繰り返し訴えた(『我々の教宣』)。

そのため、ムスリム同胞団の活動は、モスクの建設・運営、医療奉仕活動、教育、学生・女性・労働者の組織化、企業経営、ボーイスカウトやスポーツクラブの設立・運営など多岐にわたった。また、印刷メディアに代表されるメディアの急速な発達を背景に、新聞、雑誌、小冊子などの出版活動やラジオ放送などを通して、自らの思想の普及に努めた。こうした活動の背景には、性急な国家権力の奪取ではなく、個人、家族、社会、国家、そして世界へと開かれた段階的な「イスラーム的価値」の実現を目指すという、バンナー個人の信念があった。

バンナーは、「行動を伴わない信仰には意味がない」と説いていた。つまり、ムスリム同胞団は、アフガーニーらのイスラーム改革思想を本格的に実践に移すために誕生したイスラーム主義運動であった。特に、リダーからの影響は大きく、バンナー自身、ムスリム同胞団のアイデンティティとしてリダーが唱えたサラフィー主義を掲げ、また、リダーの死によって刊行が停止していた『マナール』の復刊にも尽力した。

ムスリム同胞団は、一九三二年にカイロへの本部移転を機に、五〇万人を超えるメンバーを抱えるほどの巨大な社会運動へと急速に発展していった。歴史学者R・P・ミッチェルの研究によれば、結成直後の一九二九年に四だった支部数は、一九三八年には一〇、一九四九年には二〇〇〇にまで増えたという。

社会運動としての大衆動員方法

バンナー率いるムスリム同胞団は、なぜそれほど多くの人びとを惹きつけ、実際の行動へと駆り立てることができたのだろうか。

その背景には、エジプトをはじめとするムスリムが暮らす地域が、西洋列強の植民地主義に蚕食《さんしょく》されており、それに対して「近代主義者」も「伝統主義者」も有効な手立てを打つことができていなかったという現実があった。また、大衆社会の出現と共に人びとの間に主体的な政治意識も芽生えつつあった。

つまり、危機のなかで行動する意思と能力を持ち始めた大衆に対して、ムスリム同胞団は、イスラーム改革思想に基づく「あるべき秩序」を提示しようとしたのである。ムスリム同胞団の台頭の鍵は、エジプト政治学者の横田貴之によれば、その社会運動としての大衆動員戦略にあった。

第一に、人びとに対して様々な活動の場を提供することで、彼ら彼女らが「イスラーム的」を追求できる仕組みを整え、個人の信仰を社会や国家における「正義」や「善」へと導く回路を提示した。そこには、集合行為におけるフリーライダー（ただ乗り）の発生を指摘した、いわゆるオルソン問題への一つの解決策を看取できる。

第二に、人びとがムスリム同胞団に参加することで得られる利益を現世と来世で二元的に示したことであった。人びとは、「イスラーム的」を追求するムスリム同胞団への参加を通して、神による「最後の審判の日」に来世の楽園（天国）に行く条件となる善行を積むことができるだけでなく、運動の傘下にある組織や企業に就職できたり、ボーイスカウトやスポーツクラブの参加資格を得られるなどの実利を享受できた。

イスラーム主義運動の「モデル」

バンナーの思想は、イスラーム改革思想を行動に移すための社会運動のノウハウを伝えるものとして、二一世紀の今日まで世界各地のムスリムに参照され続けている。さらには、ムスリム同胞団の運動自体がエジプトを拠点に国際的な展開をしており、中東、アフリカ、南アジア、東南アジアのいくつかの諸国にも支部や関連団体が存在し、これらを統括する国際組織(タンズィーム・ダウリー)も設置された(ただし、現在では実質的な機能は果たしていないとされる)。

例えば、ヨルダン、シリア、スーダンには同名の支部があり、また、パレスチナではハマース(第6章2参照)、レバノンではイスラーム集団、イラクではイスラーム党の別名で活動している。中東以外では、インド、パキスタン、インドネシア、マレーシア、アフガニスタンなどで名称を異にする関連団体が活動を続けている。

こうしたことから、ムスリム同胞団はイスラーム主義運動の「モデル」となった。その「モデル」とは、次の三つの特徴からなる。第一に、テクストとしての思想、すなわち綱領やマニフェストがあること、第二に、カリスマ的な指導者と組織化された指導部——社会運動論における社会運動組織にあたる——があること、第三に、世俗主義や西洋的近代化を推し進める体制との直接的な対決姿勢、すなわち反体制派として「定位置」をとることである。

ムスリム同胞団は、イスラーム主義運動の嚆矢であり、後発の運動や組織にとっての一つの「モデル」となってきた。この「モデル」については、特にフランスの研究者が強いこだわりを見せてきた。しかし、すべてのイスラーム主義運動がこれに収まるものではなく、後に見ていくように、実際には世界各地で様々なバリエーションを生み出してきたことにも留意しなくてはならない。

冬の時代

ムスリム同胞団は、「近代主義者」と「伝統主義者」の中間に位置し、また、ただちに国家権力を目指すのではなく、個人や社会のイスラーム化を最優先した、中庸を歩む穏健なイスラーム主義運動であった。

ところが、エジプトでは、一九一九年の革命を経てイギリスからの独立を果たした後もなお、西洋的近代化が既定路線とされた。そのため、政権の側から見れば、イスラーム主義を掲げるムスリム同胞団は、たとえそれが穏健な運動であっても、西洋的近代化の歩みを挫きかねない潜在的な脅威であった。

結局、エジプト政府は、一九四八年一二月にムスリム同胞団の解散・非合法化を決定した。これに対して、ムスリム同胞団のなかの武闘派のメンバーは首相の暗殺というかたちで応え、政権との対決姿勢を鮮明にした。翌年には、バンナーが何者かによって――秘密警察の犯行と考えられている――暗殺され、暴力の応酬が続く事態となった。

以後、ムスリム同胞団は、福祉、医療、経済、文化など多岐にわたる社会活動を続ける一方で、エジプトの国内政治における権力闘争のプレイヤーとしての色彩を強めることとなった。世俗主義や西洋的近代化を掲げる政権に対して、イスラーム主義を掲げるムスリム同胞団が反体制派の「定位置」をとる、という図式が固定化されていったのである。

ただし、時の政権とイスラーム主義運動との関係は常に一定ではなく、デタント（雪解け）の兆しが見られる時もあれば、苛烈な弾圧の嵐が吹き荒れる時もあった。例えば、一九五二年のエジプト革命の際には、ムスリム同胞団は、革命勢力である自由将校団率いる革命評議会と友好関係を築き、そのいわば見返りとして政党活動の禁止から除外された。しかし、その後、一九五六年に就任したジャマール・アブドゥンナースィル（ナセル、一九一八〜七〇年）大統領が世俗主義や社会主義へと傾斜していくなか、ムスリム同胞団との間の亀裂が深まっていった。カリスマ的な人気を誇ったナースィル大統領は、独裁色を強めていき、絶大な大衆動員力を持つムスリム同胞団を非合法化しただけでなく、軍・治安組織を用いてメンバーに対する弾圧を行った。

ムスリム同胞団は、地道な社会活動を続けながら、そして、弾圧への反発から過激な分派を生み出しながらも(第6章1参照)、エジプト社会に深く根を張っていった。その力は、二〇一一年「アラブの春」の後に実施された議会選挙と大統領選挙での勝利というかたちで証明されることになる(第7章2参照)。

3　シーア派イスラーム主義運動の台頭

世界各地で勃興するイスラーム主義運動

ムスリム同胞団が生み出したイスラーム主義運動の「モデル」は、エジプトの地を超えて、世界中のイスラーム主義者によって参照された(と同時に、参照されることによって一つの「モデル」として確立していった)。その結果、二〇世紀中頃までには、中東のみならず、アフリカ、南アジア、東南アジアの多くの諸国で無数のイスラーム主義運動が結成された。

例えば、先に述べたようなアラブ諸国や東南アジア諸国で結成されたムスリム同胞団系の運動の他に、一九五三年にエルサレムでパレスチナ出身のタキーッディーン・ナブハーニー(一九〇九〜七七年)によって設立されたイスラーム解放党や、一九四一年にパキスタン出身のアブー・アーラー・マウドゥーディー(一九〇三〜七九年)が創設したジャマーアテ・イスラーミー、一九二六年に結成されたインドネシアのナフダトゥル・ウラマーなどがある。

エジプト国民の大多数はスンナ派のムスリムであり、そのため、ムスリム同胞団はしばしば「スンナ派のイスラーム主義運動」と言われる。このことは、裏を返せば、「シーア派のイスラーム主義運動」が存在することを意味している。ムスリム同胞団が確立したイスラーム主義運動の「モデル」を一定程度共有しながらも、シーア派のイスラーム主義運動は独自の発展を遂げてきた。

スンナ派とシーア派

スンナ派とシーア派は、何が違うのか。マスメディアでは、両派の軋轢《あつれき》が——「宗派対立」や「宗派紛争」といった用語で——しばしば取りざたされるが(第7章4参照)、実際のところでは、それぞれの信徒は、同じムスリムとしてのアイデンティティを共有している。宗派は違っても、お互いの存在を承認・尊重するというのが一般的なムスリムの立場である。イスラームという宗教への信仰において、両派の間に相違も優劣もない。

スンナ派とシーア派の違いは、ウンマのあり方と、その根拠となる歴史をめぐる認識にある。六三二年に預言者ムハンマドが死去した後、誰がウンマを率いるのかという問題が生じた。争点は、預言者の後継者、すなわちカリフとなる者の資格であった。この後継者問題は、四代目のカリフ、預言者の娘婿(義理の息子)であるアリー(六〇〇頃〜六六一年)の時代に顕在化した。ある人びとは、このアリーを正統な後継者であると考えた。いわば血筋を重んじる立場である。これに対して、後継者は必ずしも世襲でなくてもよい、話し合いで決めればよい、と考える人びともいた。

前者の預言者の血筋を重んじた人びとが、シーア派となった。シーアとは、アラビア語で党派や派閥を意味する。もともとは「アリーに付き従う党派(シーア・アリー)」と呼ばれていたものが、後にシーアの語だけが残ったと言われている。ここでのアリーは、ウンマのなかで他の人びとよりも相対的に優れていたというよりも、預言者の権力・権威を受け継ぐ特権的な人物として見られていた。そのアリーに付き従うことで、自他を区別する集団としてのアイデンティティが形成されたのである。

これに対して、後者の話し合いを重んじた人びとが、やがてスンナ派と呼ばれるようになった。スンナとは、アラビア語で慣行や範例の意である。預言者の後継者は、ウンマの団結や合意によって決めればよいという、文字通り慣行や範例を重視する人びとであった。

この預言者の後継者問題は、六六一年に最初のイスラーム王朝であるウマイヤ朝が開かれたことで、一応の収束に向かう。ウンマを二分した内乱において、シーア派が次期カリフに推していたアリーの息子フサインが戦死したからである(カルバラーの戦い、六八〇年)。しかし、シーア派は、その後もアリーの子孫を約三〇〇年間、一二代にわたって預言者の後継者およびウンマの指導者として支持し続けた。一〇世紀に第一二代を最後に血筋が途絶えてしまってからも、いつか訪れる「最後の審判の日」の直前に、その子孫が救世主(マフディー)として再臨するという伝承が信じられている。

今日、世界のムスリム人口は一六億から一七億人と言われているが、そのうちの九〇%がスンナ派であり、シーア派は一〇%程度である。アメリカの世論調査機関ピュー研究所の二〇〇九年の推計では、シーア派信徒が特に多く暮らしているのが、イラン(人口の九〇~九五%)、イラク(同六五~七〇%)、バハレーン(同六五~七五%)、レバノン(同四五~五五%)である。

イラクにおける西洋的近代化

シーア派のイスラーム主義運動の嚆矢は、一九五七年にイラクで結成されたイラク・イスラーム・ダアワ党(以下ダアワ党)である。ダアワとは教宣の意であり、クルアーンにも何度も登場する言葉の一つである。ムスリム同胞団の創始者バンナーも好んで用いた、人びとをイスラームの教えに招くための呼びかけのことを指す。

ダアワ党は、カリスマ的なウラマーであったムハンマド・バーキル・サドル(一九三五〜八〇年)を中心に結成された。その背景には、当時のイラク社会の急速な世俗化に加えて、アラブ社会主義バアス党(以下バアス党)による独裁政治、さらには、社会・経済状況の悪化があった。

オスマン帝国領のなかでも、イラクでは比較的早い時期に国民国家のプロトタイプがつくられた。第一次世界大戦後に英仏露によって国境線が画定され、一九二〇年のセーヴル条約により正式にイギリスの委任統治領となった後、一九二一年に聖地マッカの太守であったハーシム家出身の国王を戴く君主制の国民国家として船出した。

しかし、その領土は、帝国時代のバグダード、バスラ、モースルの三つの州を合体させたものであり、そこで暮らす人びとの意思や生活の実態を必ずしも反映したものではなかった。そのため、独立後の国家運営は困難を極め、一九五八年にはクーデタによってハーシム家が打倒され、君主制から共和制へと移行した(イラク革命)。その後もイラクでは政治的な不安定が続き、さらに三度のクーデタを経て、一九六八年に政権を掌握したのがバアス党であった。

バアス党政権は、このイラクという不安定な国家を徹底した独裁政治によって統治しようとした。そして、潜在的な脅威と見なされた伝統的な社会勢力である宗教界や、大地主・大商人に代表される富裕層を、社会主義の名の下に解体していった。バアス党政権下のイラクでは、極めて強権的な手法で、西洋的近代化と世俗化が推し進められたのである。

ダアワ党の結成

一九三五年、イラク中部のカーズィミーヤに生を受けたサドルは、師範学校を卒業したムスリム同胞団の創設者バンナーと異なり、伝統的なイスラーム教育を修めたいわば正統派のウラマーであった。シーア派のイスラーム法学には体系化・制度化された学知のヒエラルキーが存在するが、サドルは、その高位まで上り詰めた人物であった。

サドルは、「法学者の統治」論の主唱者の一人であった。「法学者の統治」論とは、イラクのムハンマド・シーラーズィー(一九二八～二〇〇一年)やサーディク・サドル(一九四三～九九年)、レバノンのムハンマド・フサイン・ファドルッラー(一九三五〜二〇一〇年)など、二〇世紀の代表的なシーア派のウラマーに共通した政治思想であり、端的に言えば、「ウラマーが自ら主導して国家と社会を運営すべきである」とする理論のことである。これは、「ウラマーはあくまでイスラーム法の番人であり、統治者とは一線を画すべきである」としてきた伝統的なスンナ派のイスラーム政治思想とは異なる考え方であった。

このサドルらによるシーア派の「法学者の統治」論は、スンナ派のリダーが唱えた「法学者元首制」と相似形を為す(第3章3参照)。ただし、サドルによる「法学者による統治」論の創見は、国民国家の枠組みでイスラーム国家の樹立が可能であるとした点にある。リダーが活躍したオスマン帝国崩壊前後の時期は、中東ではまだ国民国家はほとんど存在していなかった。

サドルは、イスラームに確固たる知見を持った最高位のウラマー——シーア派イスラーム法学の最高権威(マルジャア・タクリード、模倣すべき源泉)——を頂点とした指導体制を制度化し、近代西洋的な官僚機構のような行政機構を整備することで、現代における現実的かつ持続可能なイスラーム国家の樹立が可能となると説いた。そこでは、首相、閣僚、議会に相当する政治制度だけでなく、国軍や国民経済の整備も掲げられており、また、選挙を通した国民の政治参加も構想されていた(『イスラーム国家における力の源泉』)。

つまり、サドルのイスラーム国家論には、彼が生まれ暮らしていたイラクという国民国家の存在が前提とされており、そこには、イスラームと近代西洋を調和させることで「もう一つの近代」を目指すイスラーム主義の基本理念を確認できる。ダアワ党は、シーア派宗教界と密接に連携しただけでなく、バアス党やイラク共産党といった近代政党の組織構造を取り入れたことで、当時のイラクで勢力を拡大することに成功したのである。

フサイン政権による弾圧

その意味において、サドルの思想には紛れもなく国家権力への志向が含まれていた。むろん、宗教界のなかには、こうしたサドルの行動主義や政治への過剰な傾斜に批判的な人びともいた。だが、それを最も警戒したのは、西洋的近代化や世俗化を推し進めようとする時の政権であった。

一九六八年のバアス党政権の成立、そして、一九七九年のサッダーム・フサイン（一九三七～二〇〇六年）の大統領就任を経て、ダアワ党に対する弾圧は頂点に達した。ダアワ党は、一九八〇年には解散命令を受け、サドル自身を含む多くのメンバーが逮捕・処刑された。その結果、ダアワ党は思想と組織の両面で変化を余儀なくされた。

思想面の変化では、改革から革命への路線転換である。ダアワ党が初期に目指していたのは、

サドルの墓に参詣する人びと(イラク・ナジャフ，2004年1月21日，Getty Images)

「イスラーム的」の追求を通したイラクの社会と国家の改革であった。そこでは、個人の信仰の深化だけでなく、それに基づく政治の実現を漸進的に進めていくことが打ち出されていた。しかし、バアス党政権による激しい弾圧に直面したことで、一九七〇年代半ばには宗教界との連携を強めながら国家権力の奪取、つまり、革命を目指すようになった。

他方、組織面の変化は、激しい弾圧によって活動が行き詰まり、イラク国外での活動を強いられるようになったこと、そして、指導部やメンバーが亡命する過程で運動が分裂したことである。国外での主な活動拠点は、一九七九年にイスラーム革命を成就させたイラン(第5章参照)であった。そして、サドルの弟子のムハンマド・バーキル・ハキーム(一九三九〜二〇〇三年)を指導者とするイラク・イスラーム革命最高評議会(SCIRI、二〇〇七年にイラク・イスラーム最高評議会〔ISCI〕に改称)の一翼として、活発な活動を続けた。

ダアワ党は、長く過酷な弾圧の時代においてもイラク最大の反体制派としての活動を続け、国内のシーア派住民を中心に支持者の拡大に努めた。そして、二〇〇三年のアメリカとイギリスを中心とした「有志連合」によるイラク攻撃――イラク戦争（第6章4参照）――によってフサイン政権が倒れた後には、選挙での勝利を通して、同国の政治を左右する大きな勢力となった。

例えば、イラク戦争後に設置されたイラク統治評議会の議長や暫定政府の首相を務めたイブラーヒーム・ジャアファリー（一九四七年～）、その後二〇〇六年に正式に発足したイラク首相を務めたヌーリー・マーリキー（一九五〇年～）やハイダル・アバーディー（一九五二年～）も、ダアワ党の出身者であった。

イスラーム主義運動、国民国家、独裁政治

本章を通して見てきたように、スンナ派とシーア派のそれぞれのイスラーム主義運動、エジプトのムスリム同胞団もイラクのダアワ党も、国民国家成立後の新たな時代に応じたかたちでの「イスラーム的」な社会や国家の建設を模索した。

ただし、ムスリム同胞団は、少なくともバンナーの指導下では、性急な国家権力の掌握を目指しておらず、アフガーニー以来のイスラーム改革思想に従って、ムスリム個人が「イスラーム的」な行動に踏み出すことを奨励していた。社会や国家のイスラーム化は、あくまでも、そ

の結果として起こるものと考えられていた。しかし、ムスリム同胞団は、その絶大な大衆動員力から、西洋的近代化や世俗化を推し進めようとする時の政権によって脅威と見なされ、弾圧の憂き目にあうことになった。

他方、ダアワ党も、サドルの思想に従い、国民国家としてのイラクの枠組みを否定せず、その内部での「イスラーム的」を追求した。しかし、「法学者の統治」論の実現を射程に入れていたことから、バアス党政権による激しい弾圧を受けることになった。

つまり、ムスリム同胞団とダアワ党の両者ともに、イスラームと国民国家を矛盾なきものとして捉えていたが、そのことが、結果的に国民国家内の「政治」――第1章で述べたズバイダの言うところの「政治的領域」――におけるプレイヤーとしての役割を果たしてしまうというジレンマに直面した。その役割とは、反体制派としての「定位置」であり、その大衆動員力が強力であったがゆえに、独裁政権の硬直化を招いてしまった。

「帝国後」の「あるべき秩序」をめぐる世俗主義とイスラーム主義という二つのイデオロギーの関係は、国民国家という「政治的領域」が誕生したことで、それぞれを推し進めようとするプレイヤー同士の暴力的な衝突となり、翻って、それが皮肉にも国民国家の輪郭を際立てることになったのである。

第5章 イラン・イスラーム革命の衝撃

国王による独裁政治に対する抗議デモに参加する女性たち（イラン・テヘラン，1978年，Getty Images）

1　宗教復興の時代へ

民族革命か、イスラーム革命か

西洋的近代化と世俗化を推し進める独裁政権に対して、イスラーム主義運動が反体制派としての「定位置」に収まる。これが、君主制や共和制などそれぞれ政体は異なるものの、第二次世界大戦後に独立したいくつもの中東諸国で見られた国内政治の構図であった。

しかし、一九七九年のイランにおいて、両者の間の力関係の逆転、すなわち革命が起こった。ルーホッラー・ホメイニー（一九〇二～八九年）率いるイスラーム主義者たちが、世俗主義者の国王による独裁政権を打倒したのである。この通称イラン・イスラーム革命は、中東諸国におけるイスラーム主義者による最初の「勝利」となった。

なぜイランでイスラーム主義者による革命が成功したのか。

この革命は、そもそもイスラーム革命などではなく、イラン人による民族革命であったという見方も少なくない。例えば、イラン出身の比較文学者H・ダバシは、一九七九年の革命が

「民族解放運動」であったと評している。確かに、イランの人びとは、西洋列強を後見人とした国王による独裁政治だけでなく、失業率の上昇、貧富の差の拡大、社会的エリートたちの汚職や腐敗に苦しんでいた。イスラーム主義を信奉するかどうかにかかわらず、彼ら彼女らは、国王による独裁政治の終焉を望んでおり、その意味において、この「民族革命論」は間違ってはいない。

しかし、ダバシ自身も認めているように、革命成功後の新たな国家建設の段階になったとき、イランは、共産主義、社会主義、ナショナリズムなどの様々なイデオロギーのなかからイスラーム主義を選んだ。国家としての「正しさ」を宗教的な「正しさ」に求めたのである。こうして、イランで起こった革命は、イスラーム革命となった。

イスラーム復興の気運

では、なぜ無数のイデオロギーのなかからイスラーム主義が選ばれたのか。その背景には、イランの国内事情だけでなく、当時の中東におけるイデオロギー的な状況と時代精神の変化があった。イスラーム復興の気運の高まりである。

第１章で述べたように、イスラーム復興とは、「文化的・社会的な現象」を指す用語であり、政治的なイデオロギーとしてのイスラーム主義と区別される。しかし、イスラーム主義(あるいは復興主義)が実質的な影響力を持つには、良き/善きムスリムとして生きることに目覚める個人レベルでの「イスラーム覚醒」、そして、その集団的な実践形態である「イスラーム復興運動」への段階的な発展が欠かせない。人びとが「イスラーム的」なもの/ことを意識したり、集団として行動することで、イデオロギーとしてのイスラーム主義が大衆動員力を発揮しやすくなるのである。

こうした現象としてのイスラーム復興が中東の各地で顕在化したのが、一九七〇年代であった。それは、例えば、新築のモスクやヴェールを着用する女性の急増など、目に見えるかたちで現れた。イラン・イスラーム革命は、このイスラーム復興の気運を追い風に起こった事件であった。

ちなみに、この一九七〇年代は、イスラームだけでなく他の宗教でも、宗教復興の動きが見られ始めた時期であった。例えば、ユダヤ教では、イスラエルで大ユダヤ主義を掲げる急進的な運動グーシュ・エムニームが結成(一九七四年)されたほか、ユダヤ教超正統派のハレディームが国会(クネセット)での議席を増やした。キリスト教でも、イタリアにおけるカトリック系「共生と解放」運動による社会の「再キリスト教化」の動きが活発化したことや、アメリカでロナルド・レーガン大統領が誕生した際に、選挙における敬虔な福音主義者（エヴァンジェリスト）の組織票が大きな役割を果たした。

社会学者G・ケペルは、一九七〇年代を宗教復興が起こり始めた「歴史の転換」の時期とし、それまで自明視されてきた近代化＝西洋化という図式への懐疑が世界中で見られるようになったと論じた。これは、逆に言えば、一九七〇年代以前には世界が西洋諸国と同じような世俗化の道を歩むはずだとする、規範的かつ楽観的な前提があったことを意味した。そして、その前提は、各国の政策決定者、マスメディア、アカデミアにもいわゆる近代化論として浸透していた。

近代化論とナショナリズム

近代化論は、中東の人びとの間でも強い影響力を持っていた。

イスラーム国家であったオスマン帝国が西洋列強に敗北した後もなお、イスラームという宗教が持つ力にこだわり続けたイスラーム主義者のような人びとがいた。その一方で、イスラームから距離を置き、西洋列強を範とした国民国家こそが「あるべき秩序」だとする考え方、すなわち、ナショナリズムを選んだ人びともいた。むしろ、ナショナリズムは、第二次世界大戦後の中東にとっての「あるべき秩序」への有力な指針となった。その理由は二つあった。

第一に、自立と繁栄を目指す独立運動も、結局のところ、西洋列強による植民地分割・支配が行われた国家を単位としていたこと、第二に、戦後世界の国家が民族／国民を単位とした国民国家と同義となったことであった。つまり、当時において、いったん成立した国民国家を再び解体することは、実質的に不可能であった。

トルコでは、ムスタファー・ケマルが、「トルコ人」のための国民国家であるトルコ共和国をいち早く打ち立てた(第2章2参照)。イランでも、後に詳しく論じるように、国王を中心に「イラン人」のための国民国家建設が推し進められた。歴史的に見ると、イランでは、オスマン帝国とは別個に独自のイスラーム王朝が栄えたが、そこでも世俗権力である王権とシーア派の宗教権威が相互補完関係を結ぶことで安定した国家運営が行われていた。しかし、二〇世紀中頃までには、イランでも、西洋的近代化と世俗化への傾斜が見られるようになった。

アラブでは、アラブ・ナショナリズムが勃興した。オスマン帝国時代末期の一九世紀の段階で、「アラビア語を母語とする人びと」としての「アラブ人」のアイデンティティ(ウルーバ、アラブ性)が形成され始めていた。ところが、西洋列強の植民地主義による旧オスマン帝国領の分割・支配の果てに誕生したのは、「アラブ人」のための単数形の「アラブ国家」ではなく、

「アラブ人」の暮らす広大な地域が無数の国境線で分断された複数形の「アラブ諸国」であった。そのため、「アラブ人」のための国民国家の建設を理想とするアラブ・ナショナリズムを信奉する人びとにとっては、根拠も正統性も欠いた植民地主義のもとで画定された国境線によって不当に分断された領土の統一が目標となった。

このようにトルコ、イラン、アラブで芽生えたナショナリズムは、それぞれの民族／国民の利益を至上とする思想であり、国境線を越える世界規模のウンマへの帰属意識を求めるイスラームとの間に軋轢を生んだ。それゆえに、ナショナリズムが多かれ少なかれ世俗主義を志向するのは必然であり、その勃興はイスラームの公的領域での役割を縮減させることにつながった。これを象徴したのが、オスマン帝国崩壊後に成立したトルコ共和国が一九二四年にカリフ制の廃止に踏み切ったことであった。

ただし、これらのナショナリズムが「非イスラーム的」であったかと言えば、必ずしもそうではない。むしろ、イスラームを民族／国民の文化的な遺産として再評価・再定義する場合がほとんどであった。しかし、それも、結局のところ、宗教を国民統合に用いる「文化」の枠に収めると同時に、社会や国家の直接的な運営から切り離すという意味で、世俗化と軌を一にするものであった。

トルコとイランのナショナリズムの行き詰まり

このナショナリズムが実現しようとした近代西洋を範とする「あるべき秩序」は、一九六〇年代の後半までに中東各国において、理念と現実の両面で綻びを見せるようになった。

トルコでは、議会制民主主義の運営が取り組まれたものの、「世俗主義の番人」を自負する国軍によるクーデタが頻発した。一九四六年の複数政党制の導入以後、一九五〇年代には民主党による一党独裁政治が確立し、一九六〇年のクーデタによる政変まで続いた。翌年には新憲法下で民主政治が再開したが、旧民主党から公正党として再出発した新政権は、やがて執政に行き詰まり、一九七一年の軍指導部の無血クーデタによって下野を余儀なくされた後は、短命な連立政権が続いた。

イランでは、一九二五年に成立したパフラヴィー朝が、後見人であったアメリカへの依存を強め、西洋的近代化と社会と国家の世俗化を基調とする国民国家の建設を推し進めた。これを植民地主義への従属の継続と見なす人びとからの激しい批判に直面した国王は、独裁政治を徹底することで権力基盤を固めた。

これに対して、モハンマド・モサッデグ(一八八一頃～一九六七年)首相率いる国民戦線が、アングロ・イラニアン石油会社の国有化を敢行し、人びとからの熱狂的な支持を得た。一九五三年、モサッデグ首相の人気の過剰な高まりや庇護者であるアメリカとの関係悪化を危惧した国王は、アメリカの中央情報局（ＣＩＡ）とイギリスの秘密情報部（ＭＩ６）とともに軍によるクーデタを誘発し、国民戦線による政権を崩壊させた。

以後、イランでは、国王による独裁政治が強化されただけでなく、社会と国家のさらなる西洋的近代化と世俗化が進められた。その結果、それまでの王権と宗教権威との間の相互補完関係は崩壊し、前者が後者を支配する体制が整備されていった。そして、国王による独裁政治は王権の腐敗を生み、王権の腐敗は失業率の上昇、富の不公平な再分配、支配層の堕落というかたちで人びとの生活を蝕んでいった。

パレスチナ問題とアラブ・ナショナリズムの挫折

アラブ諸国でのナショナリズムの行き詰まりは、戦争での敗北という劇的なかたちでもたらされた。一九六七年の第三次中東戦争において、エジプト、シリア、イラク、ヨルダン、サウジアラビア、レバノンからなるアラブ六カ国の連合軍は、開戦からわずか六日間でイスラエル国防軍に敗北した。さらには、エジプト、シリア、ヨルダンは、自国領の一部をイスラエルによって占領される事態となった。特に、イスラームの聖地の一つエルサレムまでもが占領されたことは、アラブ諸国だけでなく、全世界のムスリムたちに衝撃を与えた。

アラブ・ナショナリズムにとって、パレスチナの地に創出された「ユダヤ人」による国民国家イスラエルは、対決が宿命づけられた「敵」であった。パレスチナは何百年にもわたって「アラブ人」が暮らしてきた歴史的な地であり、この地の解放なくして「アラブ人」のための国民国家の建設は不可能だと考えられていたからであった。

いわゆるパレスチナ問題は、本質的にはパレスチナという一つの土地を「アラブ人」――ないしはパレスチナに暮らす人びとである「パレスチナ人」――と「ユダヤ人」という異なる民族/国民が、それぞれ独自の国民国家を建設するために独占しようとすること、つまり、ナショナリズムから生じた紛争であった。

この二つのナショナリズムの衝突は、一九七三年に第四次中東戦争として再燃した。しかし、そこでも「アラブの大義」である「パレスチナ解放」は実現されず、それどころか、一九七八年には、その旗手として振る舞ってきたエジプトがイスラエルとの単独和平合意（キャンプ・デーヴィッド合意）に踏み切った。アラブ諸国の足並みは完全に乱れ、以後、アラブ・ナショナリズムはイデオロギーとしての輝きを失っていった。

「解放のパラドックス」

このように、トルコ、イラン、アラブの各地域で、遅くとも一九六〇年代末までに、ナショナリズムによる社会変革や国家建設の行き詰まりとそれに伴う近代化論の揺らぎが見られるようになった。クーデタ、独裁政治、低開発、内戦、戦争などの諸問題が蔓延するなかで、「文化的・社会的な現象」としてのイスラーム復興が起こった。そうしたなか、イスラーム主義は社会や国家の状況を改善するための政治的なイデオロギーとして、人びとの注目や支持を集めていった。

こうしたナショナリズムから宗教復興へのイデオロギー的なシフトについては、政治哲学者M・ウォルツァーが「解放のパラドックス」という概念で説明している。二〇世紀のアジア・アフリカ諸国でのマルクス主義に支えられた民族解放運動は、自由や人権といった世俗的＝普遍的な概念を近代西洋から導入しようとしたが、それがしばしば「文化の根本的な否定」を伴う抑圧的なかたちをとったため、挫折を迎えることになった。そして、それは、結果的に共同体内部からの「反革命」を惹起し、宗教的＝個別的な価値や規範を掲げる勢力の台頭を招いたのである。

2　ホメイニーの革命論と国家論

ホメイニーの革命論

イランにおいて、国王による独裁政治に対する国民の不満が高まるなかで、反体制派の「定位置」にあったイスラーム主義運動は勢力を強めていく。そこで頭角を現したのが、ホメイニーであった。

ホメイニーは、一九〇二年、イラン南部の小村のウラマーの家に生まれた。学研都市ゴムでイスラーム法学を修めた後、国王による独裁政治と対米追従路線を激しく批判したことから、一九六四年に国外追放処分を受けた。しかし、その後も、国外からパフラヴィー朝に対する反体制派としての活動を続け、国内外に暮らすイラン人たちの支持を徐々に集めていった。

ホメイニーの亡命拠点の一つであったイラクのナジャフは、ゴムにならぶシーア派イスラームにおける学研都市であった。そこで、ダアワ党の創始者サドル(第4章3参照)と親交を持ち、思想的な共鳴を見せたと言われている。イスラームにおける学知のネットワークは民族/国民、言語、国民国家の枠組みを超えて広がっており、イスラーム学者C・マラートは近現代のシーア派のそれを「シーア派インターナショナル」と呼んだ。

ホメイニーは、現代シーア派イスラーム法学における「法学者の統治」論の論者の一人であった。彼は、一九七〇年のナジャフでの一連の講義録『イスラーム統治体制――法学者の監督』において、二つの理由からパフラヴィー朝に対する革命の必要性を説いた。第一に、抑圧や社会正義の欠如の原因は、西洋列強による植民地主義の拡大とそれにともなう社会の世俗化にある。第二に、そもそもイスラーム的に正しい統治は、初代イマーム（指導者）であるアリー（第四代正統カリフ）の死（六六一年）をもって途絶えており、その後生まれた世襲王朝についてはイスラーム的な正当性の観点からすべて不正である――。

つまり、イランのパフラヴィー朝が革命の対象となったのは、それが西洋的近代化と世俗化を推し進めていたことだけではなく、その世襲君主制という政体自体の性格が「非イスラーム的」で不正であると見なされたためであった。

その上で、ホメイニーは、イスラーム法の解釈権限を持つ高位のウラマーが国家の運営を「監督」すべきとの理論――「法学者の監督」論――を提示し、革命の成功後にはその実現に邁進するように人びとに呼びかけた。このホメイニーの革命論は、演説を録音したカセットテープのかたちでイラン国内に大量に流通し、革命の気運を高めていった。

革命の成功

ただし、先に述べたように、イランでの革命の気運は、最初からイスラーム国家の樹立を目指していたわけではなかった。革命勢力を牽引していたのは、ホメイニーのようなイスラーム主義者に加えて、モジャーヘディーネ・ハルグやフェダーイーヤーネ・ハルグなどの左派（社会主義・共産主義）勢力、さらには、トゥーデ党や国民戦線などのナショナリストであった。

実際、ホメイニーの革命論には、階級闘争の要素も多分に含まれていた。そこでは、世界は「抑圧者たち」に支配されており、彼らを打倒する「被抑圧者たち」が連帯して立ち上がることが必要であると謳われた。先に触れたケペルは、こうしたホメイニーの思想を「シーア派社会主義」と呼び、イランでの革命の成功には左派や貧困層の支持が欠かせなかったと指摘している。その呼び名の適切性については議論の余地があるが、ホメイニーの革命論が単なる過去への回帰ではなく、階級闘争という二〇世紀的あるいは現代的な一面を持っていたことは確かであろう。

いずれにしても、革命の気運は、やがて一般の人びとを巻き込んだ全国規模の抗議デモへと発展し、一九七九年二月一日、ついに国王は――休暇の名目で――国外への脱出を余儀なくされることになった。そして、間もなく、ホメイニーが亡命先のフランスから凱旋した。一五年ぶりに踏んだ祖国の地であった。

こうして、パフラヴィー朝は終焉を迎え、イランでの革命は成功した。押し寄せた熱狂的な支持者たちを前に、ホメイニーは「私は政府をつくる。（国王の）政府に拳固《げんこ》を喰らわせ、人びとの支持により政府をつくる」と宣言した。

イスラーム共和制の成立

革命によって独裁政治を打倒した後に、どのような国家を建設すべきなのか。それまで共闘してきたイスラーム主義者、左派、ナショナリストは、この段階で激しい権力闘争を開始した。そのなかで、ホメイニー率いるイスラーム主義勢力は、「法学者の監督」論に基づくイスラーム共和制という明確な国家像を示すことで、多くの人びとからの支持を得ることに成功した。一九七九年一二月にはイラン・イスラーム共和国憲法が発布され、一九八〇年三月に実施された第一期国民諮問評議会（国会、一九八九年にイスラーム諮問評議会に改称）選挙では大勝を収めた。そして、ホメイニー自身が初代の最高指導者（後述）の座に就いた。

イラン・イスラーム共和国憲法では、「民法、刑法、財政、経済、行政、文化、軍事、政治ならびにその他の法律と規則は、イスラームの基準に基づかなければならない」(第四条)と定められ、イスラーム法の専門家であるウラマーを中心に「イスラーム的」な国家建設が進められた。

このイランでの革命の成功を「惑星規模の諸体系に対してなされたはじめての大蜂起であり、反抗の最も近代的な、また最も狂った形式だろう」と評したのが、当時実際にイランを訪れていたフランスの哲学者M・フーコーであった。彼は、権力、富、軍事力、石油、世界の承認などのすべてを手中に収めていた国王に対峙するという「集団的な一個の意思」がイランの人びとの間に生まれたことに、驚嘆を隠さなかった。そして、その背景には、「自分たちの主体性を根源的に変えるにあたっての約束や保証のようなもの」としてのイスラームの存在があったとし、それゆえに、革命の炎はイランにとどまらず、他のムスリムが暮らす諸国へと飛び火するであろうと予言した。

イスラーム共和制の仕組み

イスラーム主義者たちは、イスラームの教えを社会変革や国家建設のための理念としながらも、近代西洋が生んだ思想や科学を取り入れながら、現代という時代を担うことができる新たな秩序の形成を模索した。それに多くの人びとの支持が集まったのは、彼ら彼女らが過去ではなく未来、破壊ではなく建設を目指していたからであった。

このことは、ホメイニーが打ち立てたイスラーム共和制という希有な政体にも見ることができる。現代の共和制は、一八世紀のアメリカやフランスを起源とする近代西洋の所産である。ホメイニーは、これをイスラーム法による統治と融合させることを試みた。イラン・イスラーム革命は、ホメイニーの猛々しい革命の言動から反近代西洋や過去への回帰のイメージがつきまとうが、実際には、西洋的近代化を経た現代という時代に相応しい、新たなかたちの「イスラーム的」な社会や国家の実現を試みるものであった。

イスラーム共和制では、高位のウラマーが最高指導者として君臨しながらも、行政・立法・司法の三権分立や選挙による政権交代が実施される。国会選挙（議員定数二九〇、任期四年）の結果は国民の投票によって左右され、行政の長である大統領選挙（任期四年）も同様である。

しかし、通俗的には、このイスラーム共和制は独裁政権の一種として語られることが多い。その理由は、行政・立法・司法の三権を優越する機関が別個に存在していることにある。具体的には、最高指導者、専門家会議、そして、監督者評議会の三つである。

最高指導者は、シーア派イスラーム法学の最高権威（マルジャア・タクリード）の称号を持つウラマーのみが務めることができる(憲法第一〇九条)。その豊富なイスラームに関する学識を通して、国民を指導する立場にあり、三権に加えて、国軍と革命防衛隊のそれぞれの長の任命・罷免権を有するなど、絶大な権力を持つ。

専門家会議は、この最高指導者を任命・罷免するための機関であり、八六名の高位のウラマー(ムジュタヒド、イジュティハードの資格者)から構成される。メンバーの任期は八年で、国民が投票する選挙によって選ばれる。

監督者評議会は、ウラマー六名と一般の法学者六名の計一二名からなる。国家の統治がイスラーム的に正しく行われているかどうか、文字通り「監督」する機関であり、特に、国会で審議された法案や国会選挙の立候補者の選定に対する拒否権を持つ。

イスラーム共和制は、国民が政治の主体となる共和制であると同時に、イスラームの教えに則したものでなくてはならない。したがって、民意がいかなるものであろうと、それがイスラームの教えに反する場合には、イスラーム法に精通した者、すなわちウラマーによって正されなければならない。つまり、イスラーム共和制では、国民に優越するかたちでウラマーたちが君臨するのである。

3　国際化するイスラーム主義

宗教の復興に戸惑う西洋諸国

アメリカを代表する週刊誌『ニューズウィーク』の表紙を見てみたい。

一九七九年二月一二日号、イランで革命が起こった直後に刊行されたものである。そこには、革命の指導者ホメイニーの肖像が誌面いっぱいに大きく掲載されており、「イランの謎の男(Iran's Mystery Man)」と記されたキャッチコピーで誌名が半分ほど隠れてしまっている。アメリカ社会がイランでの革命に大きな衝撃を受けたことを窺わせる。

ホメイニーが表紙の米誌『ニューズウィーク』

イラン・イスラーム革命が衝撃的であったのは、それまで盤石と思われていたパフラヴィー朝が崩壊したからだけではなく、それが黒ターバンに髭の宗教指導者によって引き起こされたからであった。ウラマーが革命を主導し、さらには、新たに建設された国家の最高指導者となるような事態は、近代化論が自明視されていた当時の「常識」からは考えられない、時代に逆行する不可思議な出来事として受けとめられたのである。

しかし、イラン・イスラーム革命がアメリカ社会、広くは国際社会に与えた衝撃は、こうした認知論的な問題だけにとどまらなかった。フーコーの予言通り、イランでのイスラーム革命の成功は、様々な国や地域の社会や国家を激しく揺さぶり、その結果、一九八〇年代の国際政治は、その姿を大きく変えていく。イスラーム主義は、イランでの革命の成功を経て、国内の権力闘争のコンテクストを超えて国際化する様相を見せていったのである。

以下では、ホメイニー流のイスラーム主義の特徴であるイスラーム共和制、反米姿勢、「革命の輸出」の三つに着目しながら、イスラーム主義が国際化していく様子を見てみよう。

イスラーム国家の「モデル」

まず、イスラーム共和制であるが、西洋的近代化や世俗化が「常識」と考えられていた当時において、それは、現代世界におけるイスラーム国家を体現したものとして注目された。

イスラーム主義者は、イスラームに依拠した社会変革や国家建設を目指す。しかし、それがどのような仕組みを有するのかについては、彼ら彼女らが活動するそれぞれの国や地域、また時代によって様々なバリエーションがある。また、実際には、具体的な制度や運営方法を記した綱領や計画の類いが作成・提示されないこともあり、信仰に基づいた抽象的・楽観的な言説も少なくない。

こうしたなかで、イランでの革命の成功とイスラーム共和制の樹立は、世界中のイスラーム主義者たちに先例を示すことになった。それは、世俗主義者に対する「勝利」であるだけでなく、何よりも西洋的近代化の進む現代世界において、イスラームの教えに基づく社会変革や国家建設が可能であることの証明となった。

その意味において、ムスリム同胞団がイスラーム主義「運動」の「モデル」をつくったのに対して、イラン・イスラーム革命は、イラン型と呼ばれる「国家」の「モデル」を提示したと言える。イスラーム主義者がイスラームに基づく社会と国家の建設を目指すとき、イランの「モデル」は賛否両論を生みながらも、一つの実践例・実現例となったのである。

「抑圧者」アメリカに対する抵抗

次に、反米姿勢について見てみよう。ホメイニーは、アメリカを「大悪魔」と呼び、激しい批判を浴びせた。革命直後の一九七九年一一月には、これに触発された若者たちが首都テヘランのアメリカ大使館に押し入り、外交官や海兵隊員とその家族ら計五二人を人質に立てこもった。この大使館立てこもり事件は、最終的に人質が解放されるまで実に四四四日もの時間を要し、アメリカによるイランとの国交断絶のきっかけとなった。

ホメイニーは、なぜアメリカを激しく批判したのか。その理由は、イスラームとキリスト教という宗教の違いではなく、アメリカの対外政策という政治の問題にあった。彼は、世界は「抑圧者たち」に支配されており、その支配を終わらせるためには世界中の「被抑圧者たち」が連帯して立ち上がらなければならないと説いた。その「抑圧者たち」の筆頭が、他ならぬ超大国アメリカであった(『イスラーム統治体制』)。

むろん、それには根拠があった。先に述べたように、革命で倒れたパフラヴィー朝は、アメリカの事実上の傀儡《かいらい》であった。国王はその独裁政権を維持するために、アメリカ、とりわけCIAに、政治・軍事・経済のあらゆる面で依存していた。また、アメリカによるイスラエル――エルサレムを含むパレスチナの土地を占領し、そこに暮らすムスリムを抑圧していると非難された――への支援も、ホメイニーの強い反米姿勢の根拠の一つであった。

イランが革命によって一夜にして親米から反米国家へと転じたことは、アメリカの対外政策にとって大きな打撃となった。当時、ソ連との冷戦の最中にあったアメリカは、ソ連の影響力を封じ込めるために、イランを中東最大の同盟国の一つとし、サウジアラビアと併せて「湾岸の憲兵」としての役割を担わせる「二柱政策」を展開していた。しかし、ホメイニーの登場と革命の成功によって、アメリカは、その二本の柱の一つを失い、対中東政策の抜本的な見直しを強いられることになった。

イスラーム主義者への国際支援

最後に、「革命の輸出」である。ホメイニーは、アメリカだけでなくソ連も敵視し、イスラーム主義のみが、「抑圧者たち」の世界支配を終わらせることができる唯一のイデオロギーであると説いた。その対外政策は、彼の言うところの「不義・圧政」への抵抗をムスリムの個人的義務としたことに加えて、それがウンマを植民地主義への「支配・従属状態」に置き続ける国際政治に変革をもたらすとした点を特徴とした。

そのため、自国で「抑圧者たち」による支配を打ち破ることに成功したイランが、世界中の「被抑圧者たち」の「前衛」を自負したのは道理であった。ホメイニーは、世界中のムスリムに対して、「抑圧者たち」に対する抵抗のために立ち上がることを呼びかけ、イランは、それを政治・経済・軍事のあらゆる面から支援すること、すなわち「革命の輸出」を行うことを宣言した。

事実、一九八〇年代には、レバノン、バハレーン、クウェートなどで、イランの支援を受けていたとされるグループによるテロ事件が頻発した。また、直接的な支援を受けていなくとも、イランでの革命の成功に鼓舞されたグループが、シーア派とスンナ派の別にかかわらず、中東の各地で活動を活発化させた。

例えば、一九八〇年にシリアでは、シリア・ムスリム同胞団を中心にイスラーム革命が宣言され、ハーフィズ・アサド(一九三〇〜二〇〇〇年)大統領による独裁政治の打倒を目指す武装蜂起が起こった(一九八二年の「ハマー虐殺」までに国軍や治安部隊によって鎮圧された)。また、一九八一年には、エジプトでアンワル・サーダート(一九一八〜八一年)大統領が、軍事パレード中に過激なイスラーム主義運動であるジハード団(第6章1参照)によって暗殺された。

イラン・イスラーム革命の成功に刺激されるかたちでイスラーム主義者が活動を活発化させたことは、中東各国の特に世俗主義を掲げる政権による激しい弾圧を招き、結果的に彼ら彼女らを追い詰めることになった。ダアワ党の指導者サドルが一九八〇年にフサイン政権によって処刑された背景にも(第4章3参照)、こうした政権側のイスラーム主義者への警戒感の高まりがあった。

地政学的な変動

ここで注目すべきは、イスラーム主義者の勢力拡大を警戒したのは、自国内に彼ら彼女らを抱える中東諸国だけではなかったことである。とりわけ欧米諸国にとって、国際化するイスラーム主義への対応は喫緊の課題となった。

諸外国がとった最初の行動は、イスラーム革命の波及の防止であった。一九七九年一二月には、ソ連がイランの北東に位置するアフガニスタンに侵攻し、イスラーム革命の自国内――特に多くのムスリムが暮らしていた南部の共和国群――への波及を未然に防ごうとした。共産主義を国是とするソ連にとって、自国内でのイスラーム主義の拡大・浸透は、国家の存立基盤を揺るがしかねない脅威であった。軍事力で圧倒していたソ連であったが、アフガニスタンの地ではムジャーヒディーン（ジハードの戦士たち、イスラーム・ゲリラ）による激しい抵抗に遭い、無条件撤退を決めた一九八八年までの約一〇年間で莫大な損耗を強いられることとなった。

また、一九八〇年九月には隣国であるイラクがイランへと侵攻し、いわゆるイラン・イラク戦争（八年戦争）が勃発した。イラクのフサイン大統領は、バアス党の党是である世俗主義に基づくアラブ・ナショナリズムを統治の正統性の拠り所としてきた。そのため、自国内でのイスラーム主義の高揚は到底看過できない問題であった。

このようなイランを中心とした地政学的な変動を受けて、アメリカは、ソ連という「古い敵」とイスラーム主義という「新しい敵」への対応をめぐって、戦略上のジレンマを抱えることとなった。アフガニスタンはソ連の勢力圏に取り込まれつつある。それを阻止するためには、ソ連軍と戦う「自由の戦士」であるムジャーヒディーンを支援しなくてはならない。だが、ムジャーヒディーンの肥大化は、アフガニスタンをイランのようなイスラーム国家に変えかねない――。

結局、アメリカは、ムジャーヒディーンに対する経済的・軍事的支援に踏み切った。年間二〇〇〇～三〇〇〇万ドルから始まった資金援助は一九八七年には六億三〇〇〇万ドルにまで増額され、装備面でも最新鋭の携行型地対空ミサイルＦＩＭ92（スティンガー）が提供された。だが、こうした戦略上のジレンマを抱えていたがゆえに、一九八八年にソ連がアフガニスタンから撤退した時点で、アメリカはムジャーヒディーンへの支援を停止した。つまり、アフガニスタンが共産化するのもイスラーム化するのも嫌ったのである。

しかし、こうしたアメリカの日和見的とも言える対外政策は、イランだけでなく、様々なイスラーム主義運動に反米感情を惹起させる一因となった。二〇〇一年に9・11事件を引き起こすことになるアル＝カーイダ（正式名称タンズィーム・カーイダ・アル＝ジハード）は、アメリカへのテロ攻撃を正当化する上で、一九九〇〜九一年の湾岸危機・戦争における米軍によるイラクの民間人の虐殺に加えて、アフガニスタンでムジャーヒディーンを「使い捨て」にしたことを挙げた（第6章3参照）。

「再び」国境を越えていくイスラーム主義

本章を通して見てきたように、一九七九年のイラン・イスラーム革命は、西洋的近代化や世俗化が既定路線と見なされてきた現代世界において宗教に基づく国家の樹立を実現しただけではなく、それによって冷戦下の東西両陣営のパワーバランスを震撼させた。その背景には、二〇世紀後半の中東政治や国際政治をかたちづくっていた各国による打算や誤算の連鎖もあった。

イランでの革命の成功が冷戦構造をも揺るがした原因を説明するためには、各国の対外政策の合理的な選好や国際政治の構造的な諸条件などに着目した国際政治学の理論が有用であろう。とりわけ、革命や民主化のような体制転換が既存の同盟関係に変化を及ぼすことは定説となっている。仮にイランで革命が起こらなければ、国王による独裁政治と対米追従路線は存続し、冷戦下のアメリカの同盟関係や対外政策は維持されたであろう。

しかし、それだけでは、イラン・イスラーム革命とその後の国際政治の変化を説明するためには不十分である。そこには、イスラーム主義特有の国際政治への波及効果があった。すなわち、イスラーム主義、広くはイスラームが本来的に持っている越境的な性格である。

かつて、アフガーニーらのイスラーム改革者たちが唱えたのは、一九世紀末から二〇世紀初頭にかけての国民国家体制の成立前夜であったこともあり、特定の国家ではなく、ウンマ全体の復興であった。しかし、中東諸国が独立した後には、イスラーム主義は、ムスリム同胞団による運動の「モデル」を採用、すなわち、既存の国民国家を与件とし、その内部での「イスラーム的」な社会や国家の実現を目指した。イランでの革命も、基本的にはこの構図で理解できる。

だが、ホメイニーの主張の創見は、イランをウンマ全体の革命のための「前衛」と位置づけたことにあった。イスラーム共和制の樹立や「被抑圧者たち」による抵抗の論理は、世界の各国において、「革命の輸出」を通じた外部からの作用だけでなく、そこで暮らす人びとが自発的にそれを選択するという内部からの共鳴を通して人びとの間に広がっていった。

その意味において、この時期のイスラーム主義は、一九七〇年代には行き詰まりを見せつつあったナショナリズムに対するアンチテーゼとしてだけでなく、そのナショナリズムが前提とする国民国家の枠組み自体を相対化する試みとなったのである。

第6章 ジハード主義者の系譜

2機目の旅客機の突入によって炎上する世界貿易センタービル（アメリカ・ニューヨーク，2001年9月11日，Getty Images）

1　クトゥブと「第一世代」

「過激」であるとはどういうことか

一九七九年のイラン・イスラーム革命以降、イスラーム主義は、欧米諸国を中心に過激なイデオロギーとして警戒されるようになった。イスラーム原理主義という他称・蔑称が広く使われるようになったのもこの頃であり、ホメイニーは「イスラーム原理主義者」の代名詞となった。

しかし、ホメイニーは、確かに急進的であったが、過激ではなかった。過激なイスラーム主義者は、一九七九年のイランとは異なる時代と場所で誕生していた。一九六〇年代から七〇年代にかけてのエジプトである。

ここで言う「過激」には、手段と目的の二つの意味がある。まず、「過激」な手段とは、それが暴力を伴うことを指す。社会や国家、すなわち公的領域のイスラーム化を推し進めるために、武装闘争やテロリズムといった暴力的な手段が用いられる。他方、「過激」な目的とは、異教徒に改宗を迫ったり、ムスリムに対しても独善的な解釈による「イスラーム的」を押しつけようとすることを指す。つまり、個人の信仰という私的領域に対する不寛容を特徴とする。「過激」なイスラーム主義者の多くは、この両方、すなわち暴力と不寛容を兼ね備える。例えば、二〇一〇年代にイラクやシリアに現れた「イスラーム国」は、両国の政権やそれを支持する諸外国を敵視し、イスラームの名の下に武装闘争やテロリズムを実施しただけでなく、自らが実効支配する地域で異教徒の住民にイスラームへの改宗を強要した。

ジハード主義とは何か

こうした「過激」なイスラーム主義者については、「イスラーム過激派（Islamic extremist）」と呼ばれることが多い。しかし、近年では、ムスリム一般への偏見を助長するのを避けるために、アカデミアを中心に「ジハード主義者（jihadist）」という用語が使われるようになってきている。

ジハードとは、聖戦、義戦などと訳されることが多いが、「神の道のためにおいて奮闘する」ことであり、イスラームにおける義務の一つである。神の意思を理解する努力、それに応える努力の義務のことである。そのためには、神が創造したこの世界において慈善活動に勤しむことや、クルアーンを繰り返し精読し内面の信仰を深めたりするなど、様々な努力のかたちがある。そして、実際に大多数のムスリムは、こうした実践を通して良き／善きムスリムとして生きようとする。その意味において、ジハードは本来的に「過激」ではない。

しかし、ジハードには、イスラームの信仰や共同体が危機に瀕したときには武器を取って戦うことも含まれる。神から授かったイスラームに脅威が迫るなかで、座してそれが滅ぶのを待つ不作為は、神の意思に反するとされるからである。

ジハード主義者とは、様々なかたちがあるジハードのなかで、特にこの武器を取って戦うこと（小ジハードと呼ばれる）に固執するイスラーム主義者のことを指す。

ジハード主義者のなかには、イスラームの信仰や共同体について真剣に勉強し、熟考の末に武装闘争を選択する者たちもいる。しかし、その一方で、良き／善きムスリムとして生きるための道は何か、あるいは、イスラームの信仰や共同体を脅かしているものはいったい何なのか、それに対抗するためにはどのようなジハードのかたちがあるのか、といった根本的な疑問をめぐる慎重な思索を行わないまま、短絡的に「もはや武装闘争しかない」という結論に達してしまうことも多い。

これに対して、大多数のイスラーム主義者は、社会や国家のイスラーム化を理想としながらも、暴力の行使や他者への不寛容を否定しているのが実状である。ジハード主義者はイスラーム主義者と決してイコールではなく、そのバリエーションの一つと考える必要がある。

ジハード主義者になること

では、何が人びとをジハード主義へと駆り立てるのだろうか。

第1章で述べたように、ある人がイスラーム主義者になるのは、信仰よりも理性に基づく行動である。それが他のイデオロギーよりも社会や国家を良い／善いものにする、という期待や信念が、そこにはある。

ジハード主義者の登場を考える際にも、これと同様の視点が必要である。確かに、ジハード主義者には、彼ら彼女らが考える硬直した「イスラーム的」への異常なまでの執着が見え隠れしていることもある。だが、それでもなお、ジハード主義は、単に個人の内面の「狂信」や「異常性」から生まれるのではなく、社会や国家をめぐる特定の状況下において選び取られるイデオロギーとしての側面を持っている。

具体的には、一九六〇年代から七〇年代にかけて、中東各国の独裁政権――その多くが世俗化や西洋的近代化を推し進めていた――によるイスラーム主義者に対する苛烈な弾圧が広がった。そうしたなか、反体制派の「定位置」にあったイスラーム主義者のなかから、もはや武力を用いてでも政権を打倒しなくてはならない、と考える者たちが現れるようになったのである。

クトゥブの善悪二元論

ところが、そこで問題になったのが、イスラーム法における内乱（フィトナ）の禁止の規定であった。伝統的なイスラーム法学において、ウンマの分裂を招きかねないムスリム同士の争いはタブーとされてきた。「理想の為政者」について多くが論じられてきた半面、たとえ「現実の統治者」がそこから著しく逸脱していたとしても、武力でもってこれを排除することは認められない、というのが一般的な解釈であった。

二〇世紀初頭のイスラーム改革者リダー（第3章3参照）や一九七九年のイラン・イスラーム革命の指導者ホメイニー（第5章2参照）は、統治者が「イスラーム的」に相応しくない場合における「革命権」の思想を説いたが、それでもなお、そのためにムスリム同士が殺し合うような事態は認めなかった。

ところが、ある傑出した思想家の登場によって、この解釈が揺らぐことになった。エジプトのムスリム同胞団の幹部、サイイド・クトゥブ（一九〇六～六六年）である。

エジプトでは、一九四〇年代末からムスリム同胞団に対する厳しい取り締まりや弾圧が実施されていた（第4章2参照）。クトゥブも、一九五四年に逮捕され、ムスリム同胞団の軍事部門を指揮したとされる罪で一五年の禁固刑を言い渡された。彼は、獄中で『その教え（イスラーム）』『この教えの将来』など数々の著作を残すが、なかでも後のジハード主義者に大きな影響を与えたのが、『道標』（一九六四年）であった。

『道標』では、人間が暮らす地上には善と悪しか存在しないという鮮烈な二元論が展開された。クトゥブは、現代という時代を「神の主権（ハーキミーヤ）」が欠如した「無知の時代（ジャーヒリーヤ）」と捉えた。ムスリムが人口の多数派を占める社会でも、イスラーム法が正しく施行されていなければ、それは無知のなかにいるのと同じである――「もし、近代的な生活の源泉と基礎を見るならば、全世界が無知の時代のもとにあることがわかるであろう。すべての物質的享楽と高度な科学的発明も、この無知を払拭することはできない。無知の時代は、地上における神の主権への反乱に立脚している」（『道標』）。

クトゥブ

クトゥブは、西洋的近代化と世俗化を推し進め、ムスリム同胞団を弾圧する当時のナースィル政権を絶対的な悪であると指弾した。ただし、ここで留意すべきは、彼自身は、必ずしも暴力による悪の排除を訴えていなかったことである。彼は、社会の側が「イスラーム的」を体現することで、統治者を「改心」させるべきである、とした論考を残している(『なぜ彼らは私を処刑したか?』)。

曲解されたクトゥブ思想

しかし、このクトゥブの鮮烈な善悪二元論は、彼自身が一九六六年に処刑されたことで、結果的に独り歩きを始めることになった。エジプトのアブドゥッサラーム・ファラジュ(ファラグ、一九五四〜八二年)やパレスチナのアブー・ムハンマド・マクディスィー(一九五九年〜)など、一部のイスラーム主義者たちによって曲解されていったのである。

その曲解には次の二つがあった。

第一に、クトゥブが訴えた「神の主権」の確立をめぐり、悪が支配する政権を暴力によって打倒しなくてはならないとする考え方、すなわち軍事主義への曲解である。しかし、実際には、先に述べたように、クトゥブは不義の為政者であっても、これを暴力で排除することを訴えなかった。

第二に、クトゥブが論じた悪をめぐり、これを「不信仰者」と同義とする考え方、いわゆるタクフィール主義(タクフィーリーヤ)への曲解である。タクフィールとは、他者を不信仰者(カーフィル)と断罪する行為のことである。伝統的なイスラーム法学においては、タクフィールをできるのは全知全能の神だけである、という考え方が主流であった。非力な人間には、その能力も権利もない。この伝統的なイスラーム法の解釈に倣い、クトゥブも、不義の為政者を「不信仰者」と断罪することはしなかった。彼が悪と見なしたのは、信仰上はムスリムであっても、共産主義や社会主義などの外来のイデオロギーを奉じる人びとであったが、それでも、彼ら彼女らを「不信仰者」とは見なすことはなかった。

これらの二つの曲解によって導き出された軍事主義とタクフィール主義は、本章の冒頭で述べた手段(暴力)と目的(不寛容)の二つの「過激」にそれぞれ符合する。クトゥブが処刑された一九六六年以降、エジプトでは、サーダート大統領を暗殺したジハード団や、外国人観光客への襲撃を繰り返したイスラーム団など、軍事主義とタクフィール主義を打ち出す組織が結成されていった。ここに、ジハード主義者の「第一世代」が生まれたのである。

2　イスラーム抵抗運動の論理

イスラーム抵抗運動とは何か

ジハード主義者は、特定の国家の内部における権力闘争のコンテクストから生まれた。この「第一世代」にとって、「イスラーム的」の実現も、ジハードの対象も、自らが生を営む国家、それもムスリムが人口の大多数を占める国家の内部に限定されていた。つまり、「第一世代」のジハード主義者が目指したのは、暴力を用いた「世直し」と呼ぶべきものであった。

これに対して、国家の外部からの脅威に抵抗するために、武器を取るイスラーム主義者も現れた。それが、イスラーム抵抗運動である。

イスラーム抵抗運動とは、外国軍に対する抵抗をイスラームにおける義務として実践する抵抗運動（レジスタンス）の意である。パレスチナのハマース（ハマス）とレバノンのヒズブッラー（ヒズボラ）がその代表格であり、それぞれイスラエルによる侵略を共通の脅威と捉え、それに抵抗するために結成された。

パレスチナのハマース

ハマースは、一九八七年、パレスチナのヨルダン川西岸・ガザ地区（以下西岸・ガザ）で勃発した第一次インティファーダ（民衆蜂起）の際、ムスリム同胞団パレスチナ支部の軍事部門として創設された。その目的は、イスラエルによる占領に対する抵抗であった。ハマースとは、「パレスチナにおけるイスラーム抵抗運動」のアラビア語の各文字を拾ってつくられた略称であり、「熱情」を意味する。

一九二八年にエジプトで結成されたムスリム同胞団は、パレスチナやヨルダンの支部を通してパレスチナ人への人道支援を展開していた。一九四六年にはエルサレムに総括支部が設立され、パレスチナとヨルダンにおける支部数は二五、メンバーは一万から二万人に上ったと言われている。

創設者・初代指導者は、パレスチナ出身のアフマド・ヤースィーン（一九三七〜二〇〇四年）であった。彼は、ムスリム同胞団パレスチナ支部の幹部として、一九七〇年代にイスラエル占領下の西岸・ガザにおいて、自身が中心となってイスラーム総合センターという名の慈善組織を設立した。この組織は、モスクを拠点に、病院・看護学校、スポーツクラブ、会議場、ザカート（喜捨）委員会、女性活動センターなどを運営し、設立から一〇年あまりで約二〇〇〇名もの専従スタッフを擁するまでになったとされる。

しかし、この地道な社会変革の営みは、イスラエルによる度重なる侵略や占領を受けることで、軍事主義への方針転換を余儀なくされた。とりわけ、一九八二年のイスラエル国防軍によるレバノン侵攻(～一九八五年、レバノン戦争)によって、ヤースィル・アラファート(一九二九～二〇〇四年)議長率いるパレスチナ解放機構(PLO)がレバノンから放逐されたことは、世俗主義を掲げる抵抗運動の凋落を決定づけた。これに強い危機感を抱いたヤースィーンは、自身の組織の軍備を徐々に固めていった。

そうしたなか起こったのが、一九八七年の第一次インティファーダであった。ヤースィーンは、パレスチナの一般大衆が抵抗運動に身を投じざるを得ないような状況が生まれたことで、一九八七年、ムスリム同胞団パレスチナ支部の軍事部門の正式な創設に踏み切ったのである。そして、翌年、組織の綱領となる「ハマース憲章」が発表された。

「ハマース憲章」では、運動の創設背景や目的、パレスチナの解放のための手段などが記され、イスラームがすべてにおいての「行動指針」(第一条)であり、また、「クルアーンは憲法」(第五条)と位置づけられた。そして、「パレスチナの土地が最後の審判の日まで、ムスリムのあらゆる世代を通じてイスラームのワクフ(神への寄進地)であると考える。この土地あるいはその一部を放棄したり、その一部を明け渡すことは許されない」(第一一条)とし、パレスチナ全土の解放を掲げた。

そのため、ハマースがパレスチナとイスラエルが併存する「二国家解決案」に反対したのは道理であった。一九九三年のオスロ合意(パレスチナ人による「暫定自治政府原則の宣言」)以降の和平プロセスに対しても、その進展を阻止するために、イスラエルに対するテロリズムを繰り返した。ハマースにとって、将来のパレスチナ国家の領土が西岸・ガザに限定されることなど受け入れられなかったのである。

ただし、その一方で、イスラエルとの長期停戦の可能性も示すなど、現実主義的な一面も見せてきた。ハマースの指導部は、二〇一七年五月、「二国家解決案」を事実上是認する新たな綱領を発表した。

レバノンのヒズブッラー

ハマースとならぶイスラーム抵抗運動が、レバノンのヒズブッラーである。「ヒズブッラー」とは、アラビア語で「神の党」を意味し、クルアーンの章句「神の党こそ勝利する者である」(食卓章第五六節)に由来する。

その結成のきっかけとなったのが、先に述べた一九八二年のイスラエルによるレバノン侵攻であった。ヒズブッラーは、地下組織として抵抗運動を開始し、ホメイニーによる「革命の輸出」先の一つとして、イランからの多大な支援を享受した。そして、起伏に富んだレバノン南部の丘陵地帯を縦横無尽に移動しながら、イスラエル国防軍やその傀儡民兵組織に対して、一撃離脱のゲリラ戦を展開した。

ヒズブッラーが世界の注目を集めたのが、レバノン国内に駐屯していたイスラエル国防軍や米軍を中心とした多国籍軍などの「占領軍」への自爆攻撃であった。最初の作戦は一九八二年一一月に敢行され、標的はイスラエル軍兵営、九〇名の死者を出した。翌年にはベイルートのアメリカ大使館と海兵隊駐屯地が攻撃され、CIAの職員八名を含む二四一名ものアメリカ人が犠牲となった。このときの海兵隊の一日の死者数は、第二次世界大戦末期の「硫黄島の戦い」(一九四五年)に次ぐものであり、米軍全体として見ても、単一の攻撃被害としては戦後最大規模のものとなった(ただし、ヒズブッラー指導部はこれらの作戦を讃えながらも、自らの関与を公式には認めていない)。

イスラームでは、他の宗教と同様に、「また汝ら自身を殺したり害したりしてはならない」(婦人章第二九節)と自死が禁じられており、伝統的なイスラーム法学において、自死を認めるような解釈は皆無であった。しかし、ヒズブッラーは、大きな解釈の転換を試みた。イスラームの信仰や共同体を守るための戦いで命を落とすことは、たとえそれが無謀なかたちであっても、神に背く行為(意図した死)ではなく、神に酬いる行為(意図せざる、結果としての死)である――こうして、自爆攻撃は「殉教作戦」と呼ばれた。

この大きな解釈の転換に権威を与えたと考えられているのが、シーア派イスラーム法学の最高権威の一人ファドルッラー(第4章3参照)であった。彼は、「抑圧者たち」への抵抗はイスラームにおける「革命的義務」であるとし、「平和的方法」でもってその義務が果たせないときには、暴力の行使もやむを得ないとした。そして、「被抑圧者たち」は、たとえ自らが弱者であっても不正や圧政に諦観することなく、集団で団結して「実際的経験に当てはまる実践的な現実の論理」を採用すべきであると謳われた(『イスラームと力の論理』)。

つまり、ヒズブッラーによる「殉教作戦」は、圧倒的な劣勢にあるときにやむを得ず編み出された「弱者の武器」として、「イスラーム的」に正当化されたのである。

イスラエル国防軍の敗色が濃厚となった一九八五年二月、ヒズブッラーは自らの綱領である「公開書簡」を発表し、その存在を初めて公にした。そこでは、抵抗と革命が、ヒズブッラーの二大目標とされた。レバノンからすべての外国軍を駆逐するだけでなく、それらの背後にいるとされる世界規模の「抑圧者たち」に対する抵抗を続けること、そして、不正や圧政を革命によって打倒し、イスラームに基づく社会変革と国家建設を目指すことが謳われた。

ちなみに、ファドルッラーは、レバノン人であるが、両親の留学先であったイラクのナジャフで生まれ、そこでイスラーム法学を修めた。ナジャフと言えば、一九六〇年代に亡命中のホメイニーが滞在していた都市であり、また、ダアワ党のサドルが一九五〇年代に学究生活を送った都市でもあった(ファドルッラー自身、ダアワ党の幹部の一人であった)。ファドルッラー、ホメイニー、サドルは、国境を越えるイスラームの知のネットワーク――「シーア派インターナショナル」――を通して、思想的な共鳴を見せていたのである。

ジハード主義者との違い

ハマースもヒズブッラーも、「殉教作戦」や激しいイスラエル批判を繰り返してきたことから、「過激」な組織と見なされることが多い。事実、両組織とも、軍事主義を採用しており、また、自らの抵抗運動をジハードと呼んできた。

しかし、次の二つの点において、ジハード主義者とは一定の区別が必要であろう。一つは、ハマースもヒズブッラーも、自らの武装闘争の根拠を、宗教や宗派の違いではなく、外国軍による侵略や占領という現実の軍事と政治の問題に置いたことである。これは、ジハード主義者がジハードの対象を「不信仰者」、あるいは「異教徒」や「他宗派」としたのとは異なる。つまり、タクフィール主義の傾向は認められなかったのである。もう一つは、ハマースとしズブッラーが、イスラームに依拠した社会変革や国家建設を目指すイスラーム主義運動としての思想と活動を備えていたことである。

両組織にとって、喫緊の課題は、自らの土地を外国軍の占領から解放することであるが、そもそも、外国軍による侵攻や占領は、イスラーム法でなくとも違法とされる行為であり、それを批判したり抵抗したりすることは、イスラーム主義者の専売特許ではない。

重要なのは、ハマースもヒズブッラーも、自らの土地の解放の先に、イスラームに基づく社会や国家、言い換えれば、世俗化や西洋的近代化を必ずしも前提としない「もう一つの近代」を構想していたことである。両組織ともに、紛争で荒廃した自らの土地において、福祉、医療、教育、経済開発などの幅広い社会活動を展開し、本来は政府がすべき行政の空白を埋める役割を果たした。そして、今日では、両組織ともに、それぞれパレスチナとレバノンの民主政治に合法政党——第7章で論じるイスラーム政党——として参画しており、多くの票を集めている。

ハマースが拠点とするパレスチナでは、そもそもパレスチナ人固有の国家は存在せず、イスラエルとの戦いは、アラブ・ナショナリズムと世俗主義に傾斜していたアラブ諸国が担っていた。しかし、このアラブ諸国が一九六七年の第三次中東戦争でイスラエルに惨敗したことを契機に、「パレスチナ解放」は、パレスチナ人自身の組織であり、世俗主義を掲げるPLOの手に委ねられることになった(第5章1参照)。ところが、そのPLOも、中東や欧州の各国で民間人を標的とする作戦を繰り返したことで国際社会からの批判を浴び、一九七〇年代後半以降は活動を低迷させていった。

ヒズブッラーのレバノンでは、一九七五年に激しい内戦が勃発したことで(〜一九九〇年)、独立以来目指してきた世俗主義(ただし、「宗派制度」という複雑な政治制度が採用された)に立脚した独自の国民国家建設に行き詰まっていた。内戦により国防機能が麻痺した状態において、世俗主義を掲げる民兵組織の連合体が自国の領内へと侵攻してきたイスラエル国防軍を迎撃したが、それも最新鋭の兵器を擁し中東最強を誇る大部隊の前に瓦解した。

このように、パレスチナとレバノンでは、条件が異なるものの、近代西洋を範とした国民国家建設の頓挫と世俗主義を掲げる運動や組織の凋落は、共通した現象であった。これは、言い換えれば、ナショナリズムの行き詰まりであった。こうしたなかで、オルタナティヴとしてのイスラーム主義を掲げるイスラーム主義運動が結成され、多くの人びとの支持を集めていったのである。

ハマースとヒズブッラーの他に、例えば、パレスチナでは、医師のファトヒー・シャカーキー（一九五一～九五年）らによってパレスチナ・イスラーム・ジハード運動が（一九八一年）、レバノンでは、シーア派ウラマーのムーサー・サドル（一九二八～七八年？）によって奪われた者たちの運動（一九七四年、後にアマル運動に改称）が創設された。

3　アル＝カーイダと「第三世代」

「第一世代」から「第二世代」へ

先に述べたように、ジハード主義者の「第一世代」の源流は、一九六〇年代から七〇年代にかけてのエジプトにあった。彼ら彼女らは、世俗化や西洋的近代化を推し進める独裁政権をイスラームの教えに背く不義の体制と断罪し、武装闘争やテロリズムなどの暴力による世直しを目指した。そのため、「第一世代」は、あくまでもアラブ諸国の国内政治における権力闘争から出現し、その「敵」も基本的には政権とその関係者、すなわち「不信仰者」であった。

しかし、やがて一九八〇年代の後半になると、ジハード主義者の活動範囲も「敵」も大きく変わっていく。すなわち、活動範囲は国内から国外へ、「敵」はムスリム社会の「不信仰者」から非ムスリム社会の異教徒へと変わっていく。この新たな特徴を持つジハード主義者を、「第二世代」と呼ぶことができる。

ジハード主義者は、なぜこのような変容を遂げたのか。プッシュ要因とプル要因から見てみよう。

まず、プッシュ要因とは、「第一世代」を国内から締め出した力学のことである。一九七〇年代末から八〇年代初頭にかけての時期には、サーダート大統領暗殺事件の他、シリアではアサド政権に対する大規模な武装蜂起（一九七六〜八二年）、サウジアラビアではマッカのアル＝ハラーム・モスク占拠事件（一九七九年）など、中東の各地でイスラーム主義者の軍事主義への傾斜が見られた。こうした事態を受け、各国の独裁政権はジハード主義者に対する取り締まりや弾圧を強化し、その結果、彼ら彼女らは自らが生を営む祖国を離れることを余儀なくされた。

これらのジハード主義者の向かった先は、大きく分けて二つあった。

あくまでも祖国における「不信仰者」の駆逐やイスラーム国家の樹立を訴える者たちは、周辺諸国や西欧諸国に身を潜めた。彼ら彼女らは、そこを活動拠点に、祖国への帰還と独裁政権の打倒のためのジハードを企図した。

他方、祖国にこだわらず、あくまでも武力によるジハードの実践それ自体に意義を見出す者たちは、「敵」との戦いに従事するための戦場を求めていった。彼ら彼女らが目指した土地の一つが、一九七九年からソ連軍による侵攻(〜一九八九年)を受けていたアフガニスタンであった。このいわばジハードの自己目的化を遂げた者たちが、「第二世代」となっていく。

ここでプル要因の説明が必要となる。世界に無数に存在する紛争地のなかで、なぜアフガニスタンがジハード主義者を惹きつけたのか。それは、彼ら彼女らにとってみれば、アフガニスタンの地が「無神論者」であるところのソ連軍に蹂躙されていたからである。アフガニスタンの危機は、ウンマの危機であり、ムスリム同胞の危機でもある。そのため、ソ連軍に対するジハードを敢行しなくてはならない――こうして、アラブ諸国からジハード主義者が「義勇兵」としてアフガニスタンのイスラーム・ゲリラ、ムジャーヒディーンに加わったのである。

彼ら彼女らは、第5章で述べたように、ソ連を共通の敵とするアメリカの軍事支援を受けながら、一九八九年にソ連軍をアフガニスタンから撤退させることに成功した。

ウサーマ・ビン・ラーディン

このアフガニスタンへの「義勇兵」のなかに、サウジアラビア出身の一人の人物がいた。ウサーマ・ビン・ラーディン(一九五七〜二〇一一年)、後の二〇〇一年に9・11事件を引き起こすアル゠カーイダの首領であった。

ビン・ラーディンは、サウジアラビアの首都リヤードで裕福な一族に生まれた。小学校から大学までの時期をジッダ(ジェッダ)で過ごしたが、そこで受けた教育はごく一般的なものであった。ただし、サウジアラビアはマッカとマディーナというイスラームの二大聖地を擁し、ワッハーブ運動(第3章1参照)の影響を強く受けた国家であるため、一般的な教育といえども、イスラームに関する授業に多くの時間が割かれている。幼少期のビン・ラーディンが、真面目で敬虔なムスリムであったか否かについては諸説あるが、少なくとも、一定のイスラーム教育を受けていたことは確かだろう。

若き日のビン・ラーディンは、ジハード主義への格段の関心を持っていたわけではなかったが、一九七九年のソ連のアフガニスタン侵攻を機に、人生を一変させる。彼は、「アフガニスタン侵攻が始まったとき、私は激怒し、ただちにそこに向かった」と述べている(『インディペンデント』一九九三年一二月六日)。ただし、彼が戦闘よりも兵站や新兵のリクルートに従事していたとの証言もあり、自身の戦闘員を抱えるようになったのは、独自の訓練キャンプを開設した一九八六年以降だと言われている。そこで生まれたのが、後にアル゠カーイダと呼ばれる組織であった。

　ビン・ラーディンのアフガニスタン行きを後押ししたのが、パレスチナ出身のアブドゥッラー・アッザーム（一九四一～八九年）であった。アッザームは、アズハル学院で博士号を取得したウラマーであり、サウジアラビアの大学で教鞭をとった後、一九七九年にアフガニスタンの隣国パキスタンで教職に就いた。そこで彼は、世界中のムスリムに対して異教徒の侵略に対するジハードを呼びかけるだけでなく、自らペシャーワルに訓練キャンプを開設し、ムジャーヒディーンのリクルートに奔走した。ビン・ラーディンは、しばしばアッザームのことを称賛し、アフガニスタン時代にはソ連軍との戦いを共にした。

ビン・ラーディン（左）とザワーヒリー（右）

　アッザームは、クトゥブ思想の薫陶を受けたジハード主義者であり、ヨルダン・ムスリム同胞団の幹部であった。また、後にビン・ラーディンの右腕・後継者となったエジプト人のアイマン・ザワーヒリー（一九五一年～）も、エジプトのジハード団の幹部であった。アッザームもザワーヒリーも、独裁政権による弾圧や外国軍の侵攻・占領を逃れるかたちでアフガニスタンへと渡った「第一世代」のジハード主義者であった。

アル＝カーイダの反米闘争

ビン・ラーディンは、アフガニスタンでソ連軍を撤退に追い込んだ後、一九九〇年にサウジアラビアに帰国した。しかし、彼を待っていたのは、英雄としての歓迎ではなく、危険人物としての冷遇であった。さらに、同年八月二日、湾岸危機――イラクによるクウェート侵攻――が起こり、わずか六日後には、アメリカ主導の多国籍軍の基地がサウジアラビア国内に建設されることが決まった。彼は、祖国に異教徒の外国軍が駐留することを激しく批判したため、サウジアラビア政府によって危険視され、監視下に置かれた。

その結果、ビン・ラーディンは再び祖国から離れた場所に活動の場を求めるようになり、スーダン(一九九二～九六年)やアフガニスタン(一九九六～二〇〇一年)を拠点にしながら、世界中の志を同じくする者たち――アル＝カーイダ――とジハードを展開していった。

ビン・ラーディンの次の「敵」は、アメリカであった。アル＝カーイダは、イエメン(アデンの米軍基地、一九九二年一二月)、アメリカ(ニューヨークの世界貿易センタービル、一九九三年二月)、ソマリア(モガディシュの米軍部隊、一九九三年一〇月)、サウジアラビア(リヤードの国家防衛隊施設と米軍兵士、一九九六年六月）、ケニアとタンザニア（ナイロビとダルエスサラームのアメリカ大使館、一九九八年八月）、イエメン（アデン沖の米軍艦船、二〇〇〇年一〇月）などで、アメリカ政府や米軍の関連施設への攻撃を繰り返した。

ビン・ラーディンは、なぜアメリカを敵視するようになったのか。第5章で述べたように、アメリカはソ連軍と戦うムジャーヒディーンを「自由の戦士」として称賛し、資金的・軍事的に支援していた。とはいえ、ジハード主義者にとって、異教徒の超大国であり、中東の現代史に数々の傷跡を残してきたアメリカへの接近は、もともと本意なものではなかった。

ビン・ラーディンは、冷戦終結後の唯一の超大国となったアメリカこそがウンマにとっての最大の脅威であると主張した。そして、一九九六年にロンドンで発行されているアラビア語の新聞紙上でアメリカへの宣戦布告となる論考を発表し、アメリカに対する世界規模のジハードを呼びかけた（『アル＝クドゥス・アル＝アラビー』一九九六年八月二三日）。そして、後には、ムスリムであれば、軍人であれ民間人であれ、アメリカ人を殺害することは義務であるとの見解を示した。

ビン・ラーディンの反米闘争の言説にたびたび登場したのが、「十字軍」という表現であった。彼は、ウンマが「キリスト教徒の軍勢」によって政治・軍事・経済・文化のあらゆる面で攻撃されているため、武力でもってこれに対抗しなくてはならないと主張した。そこで根拠として持ち出されたのは、アメリカによる長年にわたるイスラエル支援（パレスチナでのムスリムの抑圧）、一九九一年の湾岸戦争におけるイラク攻撃（イラクでのムスリムの虐殺）、二聖都（マッカとマディーナ）を擁するサウジアラビアへの米軍部隊の駐留、さらには、市場万能主義や民主主義といった外来物の押しつけなどであった。

このようなある種の被害者意識が肥大化していくなかで、ジハード主義者の標的は、「近い敵」であるムスリム社会の「不信仰者」から、「遠い敵」である非ムスリム社会の「異教徒」へとシフトしていき、さらにそこには、軍人や政府関係者だけでなく、民間人も含まれるようになっていった。

転機としての9・11事件

ビン・ラーディン率いるアル＝カーイダによる反米闘争が頂点に達したのが、アメリカ本土への直接攻撃となった二〇〇一年の9・11事件であった。ビン・ラーディンの命を受けたとされる一九人のジハード主義者（国籍は、サウジアラビア一五名、アラブ首長国連邦二名、エジプト一名、レバノン一名）が、四機のアメリカの民間航空機をハイジャックし、うち二機をニューヨークの世界貿易センタービルに、一機をワシントンの国防総省（ペンタゴン）に突入させた。残る一機は、乗客の必死の抵抗に遭い、ペンシルバニア州ピッツバーグ郊外に墜落した。

死者三〇〇〇人以上、負傷者六二〇〇人以上。世界中にリアルタイムで配信された崩落していくニューヨークのツインタワーの映像は、人びとに深い怒りと悲しみをもたらすと同時に、ジハード主義者の「第二世代」の存在を人びとに知らしめた。

民間人をも標的にしたことについて、ビン・ラーディンは次のような言葉を残している。「今日アメリカが味わっているのは、我々が何十年にもわたって味わってきたものと比べれば取るに足らないものだ……息子を殺され、血を流され、聖地を冒瀆されてきた……これまでに、イラクでは何百万もの無辜《むこ》の子供たちが殺されている」（アル＝ジャズィーラTVのインタビュー、二〇〇一年一〇月七日）。

しかし、実際には、イスラームでは、クルアーンの「正当な理由なくして人を殺してはならぬ」（夜の旅章第三三節）という章句が明示しているように、無辜の民間人の殺害は固く禁じられている。高名なウラマー、例えば、カタルを拠点とするユースフ・カルダーウィー（一九二六年〜）も「無辜の民に対する攻撃は重大な罪と見なされる」とするファトワー（法学裁定）を出した（二〇〇一年九月一三日）。

ビン・ラーディンによる民間人殺傷の正当化の論理は、イスラームの教えというよりも、彼自身の怨嗟や独善から導かれたものと見るべきであろう。しかし、反米闘争のアイコンとなったビン・ラーディンの論理は、その後の「第二世代」のジハード主義者にとっての先例として拡散していった。

「第二世代」の二つの特徴

アル＝カーイダの台頭は、ジハード主義者「第二世代」の二つの特徴を表している。

第一に、脱領域性・越境性である。「第一世代」が基本的に特定の国民国家の内部で活動していたのに対して、アル＝カーイダは世界全体を作戦行動範囲とした。また、メンバーについても、インターネットを駆使して自らの言説を世界に拡散することで、国籍や民族、人種を問わず様々な国や地域からのリクルートを行った。

第二に、ジハードの自己目的化である。「第一世代」は、自らが生を営む祖国の「世直し」を掲げ、暴力を用いたジハードはあくまでも「近い敵」と対峙するための手段の一つと捉えていた。これに対して、アル＝カーイダは、9・11事件が象徴したように、祖国から離れた「遠い敵」であるアメリカを攻撃すること自体を目的としていた。

むろん、「第二世代」の論理では、アメリカへの攻撃もウンマの自衛のための手段であった。だが、それでもなお、その後に一応ながら想定されていたアメリカの打倒と世界全体のイスラーム化という目的は、著しく現実味を欠いたものであり、その意味において、彼ら彼女らは、ジハードの実践それ自体を目的としていたと言える。

そのため、9・11事件のような自死を厭わぬ自爆攻撃も、自らの信仰世界の内での自己充足的な行為としての性格を強く帯びていた。例えば、医師のような裕福な社会的エリートが他国に赴き米軍施設で自爆する事件も起きた。これは、「第一世代」やイスラーム抵抗運動が、独裁政権による苛烈な弾圧や外国軍による侵攻・占領といった厳しい政治的・軍事的制約のなかで、戦術として武装闘争やテロリズムを選択したのとは異なる。

ジハード主義者の「第一世代」の関心はあくまでも祖国の内部にあり、「不信仰者」と目された世俗化や西洋的近代化を推し進める時の独裁政権がその標的とされた。そのため、彼ら彼女らのジハードの標的は軍事施設などのハードターゲットが中心であった。

しかし、「第二世代」になると、ジハード主義者たちの関心は国外へとシフトした。国内の「不信仰者」や独裁政権は、むろん「敵」である。しかし、彼ら彼女らは、独裁政権による苛烈な弾圧下で、世界規模の反米闘争という壮大なシナリオを描き、そのなかで自己充足を求めるようになった。そして、そのシナリオが現実味を欠いていたがゆえに、事実上ジハードの実践自体を目的にせざるを得ず、その結果、ソフトターゲットを含む無差別な暴力に手を染めることになったのである。

4 「テロリスト」を再生産する「対テロ戦争」

イスラーム主義の「安全保障化」

アル＝カーイダに代表されるジハード主義の「第二世代」の登場と二〇〇一年の9・11事件は、イスラーム主義の「安全保障化(securitization)」を加速させた。

「安全保障化」とは、国際関係論におけるコペンハーゲン学派の概念で、「脅威」が、所与のものとして客観的に存在するのではなく、特定の行為主体による言語行為によって間主観的に構築されることを説明するものである。ここでは、「イスラーム主義が世界を破壊しようとしている」といった言説が拡大・浸透することで、実際にイスラーム主義が「脅威」と見なされるようになり、また、自らの安全を保障するための措置が講じられるようになる過程を指す。

そうした言説の形成を主導したのは、実際にアル＝カーイダの攻撃を受けたアメリカであった。ジョージ・W・ブッシュ（一九四六年〜）大統領は、9・11事件からまもなくして「対テロ戦争」の発動を宣言し、「テロリスト」がアメリカにとっての最大の「脅威」であるとした。しかし、肝心の誰が「テロリスト」なのかという問題については、曖昧なままに置かれた。アル＝カーイダとイスラーム主義、広くはイスラームという宗教との区別が十分になされないまま、アメリカは「戦争」へと突き進んでいった。

そもそも、9・11事件は、もしそれをテロリズムと捉えるならば、第一義的にはアメリカの国内で起きた犯罪の範疇に入るべきものであり、したがって、その対応は、警察による捜査と司法による裁きという手順となるはずであった。つまり、証拠をもとに容疑者を特定し、法に則って罪状を確定し、刑に処すという手順である。

しかし、ブッシュ大統領は、事件に二つの新たな解釈を与えることで、「対テロ戦争」を正当化した。一つは、事件を国内犯罪ではなく、国外の「敵」による武力攻撃と見なすことで、先制攻撃を含む自衛権の発動としての「戦争」を適切な手段としたことである。もう一つは、その「敵」にアメリカを敵視するあらゆる勢力を含め、十把一絡げに「テロリスト」と定義したことであった。

9・11事件後のアメリカでは、「どう戦うのか」と「誰と戦うのか」の両方の問題に曖昧さを残したまま、「対テロ戦争」が開始されたのである。

追い詰められるムスリムたち

9・11事件から約一カ月後の二〇〇一年一〇月、アメリカは、イギリス、フランス、ドイツ、カナダとともに「有志連合」の名の下で、容疑者とされたビン・ラーディン――ただし、明確な証拠は提示されなかった――が潜伏していたアフガニスタンへの軍事攻撃、「不朽の自由作戦」を敢行した（アフガニスタン戦争）。

当時のアフガニスタンは、一九九〇年代初頭に結成されたイスラーム主義運動ターリバーンによる政権下にあり、ビン・ラーディンはそこを自身の活動拠点としていた。ブッシュ大統領は、「我々の側か、奴らの側か」という二者択一の踏み絵を掲げ、「テロリスト」だけでなく、それをかくまう国家への攻撃も辞さないとの主張をした。ターリバーンは、外国からの「客人」であるところのビン・ラーディンをアメリカへ引き渡すことを拒否した。

結局、アフガニスタンでの「不朽の自由作戦」は、当初の目標であったビン・ラーディンの拘束も殺害も果たせず、事実上、ターリバーン政権の崩壊と新政権の樹立（二〇〇一年一二月）によって主たる戦闘が終了した。ビン・ラーディン自身は消息を絶った。

「対テロ戦争」は、正規軍による国家間戦争という古典的な戦争の定義を逸脱した、軍事だけではなく外交、金融、情報などのあらゆる領域に及ぶ「新しい戦争」(ドナルド・ラムズフェルド国防長官)であるとされた。しかし、「対テロ戦争」では、誰が「テロリスト」なのかという根本的な問題が曖昧なままに置かれたため、世界各国が自らの国益に沿ったかたちでの恣意的な定義や運用をする事態が起こった。テロリストもテロリズムも、本質的に蔑称・他称である。

例えば、中国やロシアは、自国内の分離主義者や反体制派などを「テロリスト」として取り締まりや弾圧の対象とした。イスラエルは、「テロリスト」の脅威からの自衛の名目で、西岸とガザのパレスチナ自治区への軍事侵攻や「安全フェンス」と呼ばれる巨大な分離壁の建設を敢行した。中東諸国の独裁政権も、「対テロ戦争」への国際的な連帯を謳いながら、国内では、それを梃子に反体制派の「定位置」にあったイスラーム主義者への取り締まりや弾圧を強化した。

これらの「対テロ戦争」の恣意的な定義や運用において、主に標的とされたのはムスリムであった。9・11事件のショックからいまだ立ち直れない世界において、アル＝カーイダの関係者であるか否かを十分に問うことなく、そのいわば予備軍としてのイスラーム主義者、さらには、ムスリム一般まで「テロリスト」と同一視するような言説やヘイトスピーチ／クライムが広がっていった。「新しい戦争」としての「対テロ戦争」は、これを助長し、ムスリムたちを偏見や差別、さらには暴力の対象へと追いやっていった。

ビン・ラーディンが夢想した世界

ビン・ラーディンのジハード主義に感化されたのは、ムスリムのなかでもごく少数であった。ある人が、自らの生をめぐる環境が思うようなものでなかったとしても、その原因のすべてをアメリカに見いだすような短絡的な思考を持つことは稀であろう。確かに、アメリカの対外政策が原因となってきた独裁政治、低開発、紛争といった諸問題は世界の各地に見られる。だが、たとえそうだとしても、武力によるジハードがそれらを解決するための唯一の手段であるとする考え方は、「正常」な状況であれば多くの人びとに受け入れられることはないであろう。

しかし、「対テロ戦争」という「異常」な状況下では、ビン・ラーディンの過激な主張は一定の説得力を持つことになった。世界中のムスリムが「対テロ戦争」による苦難に直面している事実が、アメリカの「脅威」を喧伝する彼の言説を裏づけることになったからである。言い換えれば、「対テロ戦争」は、ビン・ラーディンによるアメリカの「安全保障化」の意趣返しを後押ししてしまったのである。

これを象徴したのが、キューバのグアンタナモ米軍基地に設置された収容キャンプであった。一九〇三年以来アメリカがキューバより租借している土地であり、そこでは両国の国内法も国際法も適用されないという、法的地位の曖昧なこの場所に、犯罪者と戦争捕虜の間の曖昧な立場に置かれたムスリムたちが強制的に収容され、裁判も受けられないまま違法な尋問、虐待、拷問などの非人道的な扱いを受けた。

また、「対テロ戦争」においては、自らが生を営む土地が戦場となったり、「テロリスト」の嫌疑がかけられ拘束・尋問・拷問されたり、人命や財産を失ったりする者が後を絶たなかった。これらは、多くの場合、付帯被害(コラテラル・ダメージ)として処理されたが、このような苦難を味わったムスリムたちにとって到底看過できるものではなかった。

その結果、「対テロ戦争」は、皮肉にも世界各地でビン・ラーディンやアル＝カーイダへの共感者を増やしていった。肥大化した被害者意識こそが、アル＝カーイダのジハードの原動力であり、世界中のムスリムを反米闘争に駆り立てるための根拠であった。ウンマがアメリカによって攻撃されているという言説に、現実の世界が近づいてしまったのである。

アメリカでは、9・11事件からの約九年間で一二七一もの政府機関と一九三一もの民間企業が「対テロ戦争」のために新たに設立され、全米一万カ所で八五万四〇〇〇人のスタッフがこれに従事していた(『ワシントン・ポスト』二〇一〇年七月一八日)。ビン・ラーディンの被害者意識のいわばネガとして、アメリカも「テロリスト」への警戒心を肥大化させていたのである。

ブッシュ大統領は、9・11事件直後に「対テロ戦争」を「十字軍の戦い」と呼び、世界中のムスリムの反米感情を刺激した。この「失言」は、ビン・ラーディンが自身の反米闘争を「十字軍に対する戦い」と呼んだことに合致し、アル＝カーイダが掲げるムスリムと非ムスリムという二項対立的な世界観の強化に荷担することとなった。

イラク戦争の失敗

ビン・ラーディンが夢想した世界の登場を決定づけたのが、二〇〇三年のイラク戦争であった。アメリカでは、二〇〇一年末のアフガニスタンのターリバーン政権崩壊直後から、「次はイラク」という気運が高まり、イラクへの軍事攻撃が「対テロ戦争」の一環として既定路線となっていた。

しかし、アメリカには十分な開戦理由がなかった。フサイン政権による核ないしは生物・化学兵器などの大量破壊兵器の保有疑惑は、国連査察団(UNMOVIC)による調査を経てもなお立証することはできず、アル＝カーイダやビン・ラーディンといった「テロリスト」との関係についても明確な証拠は提示されなかった。そもそも、フサイン大統領とビン・ラーディンは、それぞれ世俗主義とイスラーム主義を信奉し、イデオロギー的な親和性はなかった。

にもかかわらず、アメリカを中心とした「有志連合」は、二〇〇三年三月二〇日、自衛のための先制攻撃としてイラクへの軍事攻撃を強行した。軍事力で圧倒する「有志連合」は、二週間あまりでフサイン政権を崩壊させ、五月にはブッシュ大統領が勝利――「主要な戦闘の終結」――を宣言した。

「有志連合」の空爆によって炎上する大統領宮殿(イラク・バグダード，2003年3月21日，Getty Images)

正統性を欠いたこの戦争は、ムスリムと非ムスリムの違いを超えた、世界規模の反米感情を惹起した。それは、結局のところ、「テロリスト」を撲滅するどころか、反対に増やす結果をもたらした。

例えば、二〇〇六年四月に発表されたアメリカの「国家情報評価」報告書では、「イラク戦争は総体的にテロリズムの問題を悪化させ」「世界のジハード主義者の支持層を増やしている」と総括された。同報告書では、イラク戦争がCIAなど情報機関の誤った情報収集・分析によって進められ、特にイラクは一九九六年以降大量破壊兵器を保有しておらず、アル＝カーイダとの関係もなかったことが明らかにされた。

二つのアル＝カーイダ

アル＝カーイダは、「対テロ戦争」がもたらした暴力と不寛容、そして憎しみに満ちた世界において、各地で戦闘員をリクルートしていった。だが、それは、組織による大衆の動員ではなく、自発的な「ファン」や「アフィリエイト」の増加のかたちで進んだ。

この時点で、アル＝カーイダは、アフガニスタンに拠点を置くテロ組織ではなく、ビン・ラーディンを主唱者とするジハード主義の思想潮流に変貌した。政治学者D・ラシュワーンは、前者を「組織としてのアル＝カーイダ」、後者を「概念としてのアル＝カーイダ」と区別することを提唱した。9・11事件以降、世界各地で起こったテロ事件の捜査においては、「組織」の関与が立証されるケースは数少なく、ビン・ラーディンの思想、すなわち、「概念」に共鳴した者たちが自発的に行ったものと見られた。

「概念」の拡大・浸透を後押ししたのは、当時急速に加速していたグローバル化であった。人びとをジハードに「覚醒」させる媒介については、当初、ジハード主義を掲げる個人や組織のウェブサイトや地元の過激な宗教指導者への接触などと考えられていた。しかし、より重要なのは、人びとが、たとえこれらに触れる意思がなくとも、BBCやCNNといったグローバル・メディアを通して経験するようになったことであった。ビン・ラーディンは、反米闘争のアイコンとして、時にムスリムと非ムスリムの違いを超えて、その主張に共鳴する者たちをアル＝カーイダに「覚醒」させていった。

「覚醒」した「自称アル＝カーイダのメンバー」たちは、世界各地でテロリズムを実行した。アメリカの他に、イラク戦争に参加したスペイン（二〇〇四年三月）やイギリス（二〇〇五年七月）、さらには、インドネシアのバリ島のナイトクラブ（二〇〇二年一〇月）、パキスタンのイスラーマーバードのホテル（二〇〇八年九月）、インドのムンバイのホテル（二〇〇八年一一月）など、欧米人が多く集まる場所がテロリズムの標的となり、多くの犠牲者が出た。

こうしたムスリム個人の自発的なジハードのための方法論を示したのが、シリア出身の思想家アブー・ムスアブ・スーリー（一九五八年〜）であった。彼は、シリア・ムスリム同胞団から分派した戦闘前衛隊のメンバーとして、一九八〇年代初頭にはアサド政権に対する武装蜂起に参加した。その後、スペインの市民権を得て、一九九〇年代にはヨーロッパを拠点にアル＝カーイダの広報部門で頭角を現した。その経験から、二〇〇四年に『世界規模のイスラーム抵抗のダアワ』と題した一六〇〇ページにも及ぶ大著をインターネット上で公開し、世界中のムスリムにジハードへの「覚醒」を呼びかけた。

スーリーは、9・11事件後の「対テロ戦争」下において、確固たる命令系統を持った組織を形成・運営するのは困難になったとし、各地のムジャーヒディーンが個別もしくは小組織で秘密裏に活動すべきだと説いた。この「指導者なき抵抗」を選択することで、ムジャーヒディーンたちは、取り締まりや弾圧への耐性を獲得し、その結果、世界規模のジハードの継続が可能になると主張した。

無知の衝突

本章を通して見てきたように、「過激」なイスラーム主義者、すなわち、ジハード主義者は、一九六〇年代のエジプトで「第一世代」が誕生した後、中東各国での激しい取り締まりと弾圧を避けるために、国外へと活動の場を移すことを余儀なくされた。そこで、彼ら彼女らは、暴力を用いて「近い敵」を打倒するという祖国の「世直し」ではなく、「遠い敵」、とりわけその象徴であるアメリカとの果てしない戦いへと踏み出していった。

この「第二世代」は、ムスリム社会に「あるべき秩序」を創造するのではなく、非ムスリム社会の破壊に徹するようになった。その結果、欧米諸国では、ジハード主義だけではなく、イスラーム主義、さらにはイスラームという宗教自体を危険なものと見なす風潮——「安全保障化」——が拡大した。

こうした状況について、政治学者S・ハンチントンが一九九三年に唱えた「文明の衝突」になぞらえる論者も現れた。彼は、世界を宗教別に七つもしくは八つの文明に色分けし、冷戦終結後は、その「断層線」で衝突が起こるのが「今後の世界政治のあり方」であると論じた。アル＝カーイダによるジハードと欧米諸国による「対テロ戦争」の間の暴力と憎しみの連鎖は、確かに「イスラーム文明」と「西洋文明」の衝突を彷彿させた。

しかし、ジハード主義者は「イスラーム文明」と同義でもなければ、それを代表する者たちでもない。彼ら彼女らは、イスラーム主義者という観点から見ても、その一部分に過ぎない。そのため、ジハード主義者による反米闘争を「文明の衝突」と呼ぶのは正鵠《せいこく》を射ていないだけでなく、彼ら彼女らに対する過大評価との誹りを免れないであろう。さらに言えば、他方のブッシュ政権やアメリカが「西洋文明」を代表する者たちでないことは論を俟《ま》たない。

「イスラームの戦い（ジハード）」と「テロとの戦い（対テロ戦争）」に共通するのは、それぞれ相手のことを知悉《ちしつ》することなく安易に敵視し、暴力でもって対峙しようとする姿勢である。二〇〇〇年代の世界を席巻した両者の対立は、「文明の衝突」ならぬ「無知の衝突」（サイード）に過ぎなかったのである。

第7章 イスラーム主義政権の盛衰

ムバーラク大統領退陣を求める抗議デモ(エジプト・カイロ，2011年2月1日，Getty Images)

1 「アラブの春」の到来

開かれた権力への扉

ジハード主義者「第二世代」による「イスラームの戦い(ジハード)」と、アメリカ主導による「テロとの戦い(対テロ戦争)」との間の暴力の連鎖。二〇〇一年の9・11事件に端を発したこうした状況は、中東の社会と国家を荒廃させた。その元凶となったジハード主義が、人びとの間で忌避されるようになったのは道理であった。

しかし、だからといって、イデオロギーとしてのイスラーム主義自体の力が失われたわけではなかった。9・11事件から一〇年目の節目の年に起こった「アラブの春」において、民主的な選挙を通してイスラーム主義者たちが政治の表舞台に登場したのである。中東諸国の人びとにとって、イスラームに基づく社会変革や国家建設は、平和や繁栄を築いていく上での選択肢の一つであり続けていた。

「アラブの春」とは、アラブ諸国における長年にわたる独裁政治に対して、人びとが自由や民主主義を求めて立ち上がった一連の事件のことを指す。二〇一〇年末にチュニジアで発生した人びとによる抗議デモは、一カ月あまりで二四年間続いてきたベン・アリー政権を崩壊させた。この革命の熱狂は瞬く間に他の中東諸国にも広がり、エジプト（フスニー・ムバーラク政権、二〇一一年二月）、リビア（ムアンマル・カッザーフィー政権、同年一〇月）、イエメン（アリー・サーリフ政権、同年一一月）でも革命が起こった。シリアやバハレーンでは、政権と反体制派の間の武力衝突に発展した。

こうして中東に革命の機運、さらには自由と寛容の空気が広がっていくなかで、人びとは、イスラーム主義を含む、様々な選択肢を自由に議論できるようになった。それは、言うなれば、独裁政治によって長らく封印されてきた「帝国後」の「あるべき秩序」の模索の再始動であった。右派や左派、保守やリベラル、そして、世俗主義とイスラーム主義など、様々なイデオロギーを持った人びとが、民主的な選挙や対話を通して「あるべき秩序」を実現していく機会が到来したのである。

「アラブの春」を経て、イスラーム主義者やイスラーム主義運動にとっての課題は、思想としての深化や発展よりも、現実の政治を担うことができる具体的な政策の打ち出しとなった。そして、これに伴い、イスラーム主義を体現するのは、思想家ではなく、イスラーム政党（後述)となっていく。

どのように選挙を勝ち抜き、政権を運営するのか——イスラーム主義者たちは、民主化に向かう中東で、新たな挑戦を開始したのである。

「緩さ」がもたらした革命

「アラブの春」前夜の中東は、一九八〇年代末の「東欧革命」から二十余年、世界の各国が次々に民主化していくなか、独裁政権の「最後の砦」とも呼ぶべき地域であった。国際NGOフリーダム・ハウスの指標では、「中東・北アフリカ」一九カ国のうち、イスラエルをのぞく実に一八カ国が「不自由」または「部分的自由」に分類されていた(二〇一〇年)。

中東における独裁政権は、大統領や首相を有する共和制の諸国(エジプト、シリア、チュニジア、リビア、イエメンなど)であっても、国王や首長を戴く君主制の諸国(サウジアラビアをはじめとする湾岸アラブ諸国、ヨルダン、モロッコなど)であっても、人びとの政治的な自由が著しく制限されていたという点で大きな違いはなかった。とりわけ、天然資源が乏しい国では、腐敗した権力の下で社会・経済発展が停滞し、社会的エリートと一般の人びととの間の貧富の格差が拡大していた。彼ら彼女らの不満が蓄積されていったのは道理であった。

きっかけは、チュニジアで起こった一つの事件であった。青果商のある青年が、ベン・アリー（一九三六年〜）大統領による独裁政治への抗議のために焼身自殺した。これに触発された人びとが、チュニジアだけでなく、他のアラブ諸国でも抗議の声を上げ始めたのである。

二〇一一年以前にも抗議運動は存在していたが、当局による厳しい規制や監視から、独裁政権を転覆させられる規模には至らなかった。しかし、「アラブの春」では、老若男女問わず大勢の人びとが街頭へと繰り出し、抗議デモへと合流した。

その背景には、三つの「緩さ」があった。

第一に、動員を主導する目立った組織や指導者が不在であったことである。その役割を担ったのが、匿名性の高いツイッター、フェイスブック、ユーチューブといったインターネットのソーシャルメディアであった。第二に、革命後の国家建設の青写真がなかったことである。その代わりに独裁政権の打倒という単純なスローガンだけが繰り返されたことで、幅広い層の大衆の共感を集めた。第三に、武装闘争やテロリズムなどの暴力を用いなかったことである。その代わりに非暴力が徹底されたことで、「誰もが気軽に参加できる運動」を生み出した。

こうした「緩さ」こそが、組織やグループの違い、イデオロギーの違い、性別や年齢の違いを超えるかたちで、大勢の人びとが抗議デモに参加した要因であった。

暴力の連鎖へのアンチテーゼ

かつての二〇世紀の革命には、明確なイデオロギー、確立された組織、カリスマ的な指導者、そして、その運動に身も心も捧げるメンバーの存在があった。人びとにとって革命運動への参加とは、そのビジョンを引き受け、リーダーシップに従う覚悟が必要なものであった。例えば、第5章で論じたイラン・イスラーム革命には、イスラーム主義というビジョンとホメイニーというリーダーシップがあった。

これに対して、二一世紀に起こった「アラブの春」では、イデオロギーを前面に出して反体制派を組織化・動員しようとする者たちもいなければ、カリスマ的な指導者の姿も見られなかった。むしろ、ビジョンとリーダーシップの双方の不在が、逆説的に大勢の人びとの組織化・動員につながった。

こうした「緩さ」は、二〇〇一年の9・11事件から「アラブの春」までの一〇年間、中東の社会と国家を荒廃させたジハードと「対テロ戦争」の暴力の連鎖へのアンチテーゼであったと見ることができる。人びとは、その連鎖が飽和点に達したとき、暴力ではなく非暴力、ジハードではなく民主主義、そして、組織や運動よりも個人としての意思を選んだ。

それを象徴したのが、「アラブの春」の最中、二〇一一年五月のビン・ラーディンの死であった。長年の捜索の結果、アメリカは、パキスタン北部のビン・ラーディンの潜伏場所を突き止め、特殊部隊を投じて暗殺した。世界を震撼させた「テロリスト」の死は、9・11事件からのジハード主義――「第二世代」――の一時代の終焉を彷彿させるものであった。

2　イスラーム政党の躍進

イスラーム政党とは何か

「アラブの春」を経て、イスラーム主義者たちはイスラーム政党を結成し、積極的に民主政治へと参加していった。イスラーム政党とは、「イスラームに思想的基盤を置く政治イデオロギー」に立脚する政党であり、政党と自己規定する政治組織であることと、何らかの形で公然と「政治へのイスラームの適用」を実現すべき目標として掲げていることを特徴とする（小杉泰）。

イスラーム政党は、「アラブの春」が起こる以前の一九九〇年代から一部の中東諸国で結成されていた。例えば、一九八九年の憲法改正によって複数政党制が導入されたアルジェリアでは、イスラーム救済戦線（FIS）が結成され、九一年の国民議会選挙で全議席四四四議席中三三五議席を獲得した。ヨルダンでは、ヨルダン・ムスリム同胞団が、一九八九年の代議院（下院）選挙への出馬が認められ、全八〇議席中二四議席を獲得、その後、独自のイスラーム政党であるイスラーム行動戦線党（IAF）を設立した（一九九二年）。

その他、パレスチナ自治政府のハマース（立法評議会選挙、二〇〇六年〜）やレバノンのヒズブッラー（国民議会選挙、一九九二年〜）、イラクのダアワ党（制憲議会選挙、二〇〇四年。国民議会選挙、二〇〇五年〜）、モロッコのムスリム同胞団系の公正開発党（代議院選挙、一九九七年〜）などが、それぞれ選挙において高い集票力を見せた。

このように、中東諸国では、政治の自由化が進むとイスラーム政党が結成され躍進するという現象が起こってきた。

選挙での勝利

同様の現象は、「アラブの春」でも起こった。革命が成功したチュニジアとエジプトのケースを見てみよう。

チュニジアでは、ナフダ（覚醒）党が、ベン・アリー大統領の独裁政権の崩壊後に正式に認可され、二〇一一年一月、党首のラーシド・ガンヌーシー（一九四一年〜）が亡命先のイギリスから帰国した。そして、一〇月の制憲議会選挙で全二一七議席中八九議席を獲得し、第一党の座に就いた（ただし、単独過半数には届かず、左派・世俗主義者の二つの政党との「トロイカ」連立政権となった）。

ナフダ党の前身は、一九八一年に設立されたイスラーム志向運動である。これは、イラン・イスラーム革命とムスリム同胞団に刺激された様々なイスラーム主義者たちの寄り合い所帯であった。一九八四年の政府に対する抗議デモ（パン暴動）を煽動した容疑でメンバーや支持者が当局に逮捕された後、八九年にイスラーム志向運動からナフダ党へと改名した。

エジプトでは、ムスリム同胞団が、ムバーラク政権の崩壊後に独自のイスラーム政党として自由公正党を結成し、二〇一一年末から翌年二月にかけて実施された人民議会（下院）と諮問評議会（上院）の両選挙に出馬した。その結果、それぞれ公選四九八議席中二三五議席と一八〇議席中一〇五議席を獲得し、第一党となった。また、サラフィー主義者たちによって新たに結成されたイスラーム政党ヌール党も善戦し、最終的には、ムスリム同胞団と併せて人民議会の約七割の議席がイスラーム政党の出身者によって占められた。

さらに、自由公正党は、二〇一二年六月に実施された大統領選挙でも勝利した。出馬した党首のムハンマド・ムルスィー（一九五一年〜）が当選し、エジプト憲政史上初のイスラーム主義運動出身の大統領となった（「はじめに」参照）。

ムルスィー新大統領の誕生を祝う人びと（エジプト・カイロ，2012年6月23日，Getty Images）

ナフダ党とムスリム同胞団の大衆動員戦略

チュニジアのナフダ党もエジプトのムスリム同胞団も、「アラブの春」の抗議デモ発生当初は目立った動きを見せなかった。反体制派の「定位置」にあったイスラーム主義運動が革命に「出遅れた」のは意外な印象を受けるかもしれない。しかし、実際には、その「定位置」こそが足かせになった。

ナフダ党について言えば、党首のガンヌーシーが亡命生活を強いられていた上に、メンバーたちは地下活動を余儀なくされていたため、抗議デモを先導することができず、結果的にそれに「後乗り」する戦略を採ることとなった。政治学者O・ロワは、その時点で既に「デモクラット（民主主義者）」となっていたイスラーム主義者が民主化を求める人びとのなかで目立たなかったのは当然であると指摘した(『ニューヨーク・タイムズ』二〇一一年一月二一日)。

エジプトのムスリム同胞団は、二〇一一年一月の抗議デモの開始後しばらくしてから、ようやくこれを支持する立場を表明した。こうした慎重な姿勢の背景には、ムスリム同胞団とフスニー・ムバーラク(一九二八年～)大統領の独裁政権との間の暗黙の取り決めがあった。ムバーラク大統領は、ムスリム同胞団が自らの地位を脅かすことのない非政治的な活動(例えば、福祉や医療などの分野における草の根の社会活動)に注力している限り、運動の存続を黙認していた。そのため、ムスリム同胞団は、抗議デモが始まっても、ムバーラク大統領の退陣が決定的になるまで、旗幟《きし》を鮮明にしなかったのである。

しかし、独裁政権の崩壊後に実施された選挙においては、それを勝ち抜くために、ナフダ党もムスリム同胞団もイスラーム主義を前面に押し出し、民主化の移行期においてはビジョンとリーダーシップを発揮する戦略に転じた。例えば、両運動とも、選挙期間中には、憲法がクルアーンに即したものであるべきだとする論陣を張り、抗議デモを先導した青年層や世俗主義者たちとの差別化を図った。

なぜ有権者はイスラーム政党に投票したのか

こうした戦略は功を奏し、ナフダ党もムスリム同胞団も選挙での勝利を収めた。中東各国の選挙において、有権者にイスラーム政党への投票を促す要因として考えられていたのが、「独裁政権への抗議や抵抗の気運」と「運動からの利益供与」であった。前者の例として、チュニジアでは、独裁政治の最大の犠牲者としてのナフダ党へ多くの「同情票」が集まったとの見方があった。他方、後者については、エジプトでムスリム同胞団が、様々な社会活動を通して「アラブの春」以前からエジプトの社会にその根を深く下ろしていたことが、選挙戦を有利に進めるための大衆動員力につながったものと見られた。

いずれの見方も間違っていない。だが、ここで注目すべきは、世俗主義を掲げる独裁政権に対する「揺り戻し」としての一面を差し引いても、有権者によるイスラーム主義というイデオロギー自体への支持が、ナフダ党やムスリム同胞団などイスラーム政党の勝利を導いたという現実である。

政治学者E・ウェグナーによる二〇一一年から一三年にかけてのモロッコ、アルジェリア、チュニジア、エジプト、リビア、パレスチナの有権者を対象とした統計分析(The World Value Survey, The Arab Barometer, The Afrobarometer の三つを使用)によると、イスラーム政党に投票すると答えた回答者の多くが、経済の自由化や再分配の徹底といった社会の諸問題よりも、「政治に宗教をより多く反映すること」を重視していた。

この統計分析では、イスラーム政党へ投票した人びととの間での政府の汚職や腐敗に対する批判は厳しく、「独裁政権への抗議や抵抗の気運」が彼ら彼女らの投票行動に一定の影響を与えたことも確認できる。しかし、「運動からの利益供与」については、投票者の生活水準も学歴も平均以上であり、投票行動への影響は限定的であったと考えられる。

つまり、今日の中東諸国において、イスラーム主義者が示す「あるべき秩序」を支持する人びとが数多く存在することが、あらためて明らかになったのである。

3　イスラーム主義政権の困難

政権運営の行き詰まり

しかし、新たに誕生したイスラーム主義政権は、まもなくして座礁した。旧体制派とその支持者、そして、世俗主義者たちが、イスラーム主義者が主導する民主化に反発し始めたのである。

エジプトについて言えば、「アラブの春」で崩壊したムバーラク政権は、一九五二年のクーデタ（エジプト革命）によって成立した軍事政権であり、また、西洋的近代化と世俗化を推し進めてきた政権であった。その意味において、二〇一一年の革命は、エジプトを世俗主義からイスラーム主義へと方向転換させた、文字通り革命的な事件であった。

この急激な政治の変化は、選挙という民主的な手続きを経てもたらされたものとはいえ、それまでのエジプトの社会と国家のあり方を激しく揺さぶった。

ムルスィー大統領と自由公正党主導の新政権は、選挙での勝利による「数の論理」を振りかざし、イスラームの教えを強く反映させた新憲法案や外交政策を次々に打ち出すなど、社会や国家のイスラーム化を拙速に推し進めようとした。その結果、旧体制派の影響力が残存していた司法や軍だけでなく、選挙で彼らを支持した人びとからの反発を呼んだ。加えて、革命によって引き起こされた社会の混乱を鎮めることができず、貴重な外貨収入であった観光産業や国外からの直接投資（FDI）を停滞させるだけでなく、自国通貨の下落と物価の高騰をも招いた。

こうした数々の「失政」の結果、エジプトの各地で新政権に対する抗議デモが発生するようになった。そして、二〇一三年七月には、これを好機と見た軍を中心とした旧体制派によるクーデタが起こり、ムルスィー大統領は失脚した。こうして、わずか一年で、エジプト史上初のイスラーム主義政権は崩壊した。

チュニジアでも、エジプトほど劇的なかたちではなかったものの、ナフダ党による政権運営は国内からの様々な批判を呼んだ。ただし、ナフダ党は、世俗主義勢力との妥協を図りながら──それを後押ししたのが、二〇一五年のノーベル平和賞に輝いた「チュニジア国民対話カルテット」の四団体であった──慎重な執政に努めた。新憲法案をめぐる議論においては、イスラームを国教としながらも(第一条)、同時にチュニジアを事実上宗教と切り離された「市民国家」とすること(第二条)を認めた。

しかし、二〇一三年に左派系の二人の議員がジハード主義者に暗殺された事件が、人びとの間にイスラーム主義への不安をかき立てると同時に、新政権の治安維持能力への不信感を惹起した。その結果、ナフダ党主導の新政権は、旧体制派や世俗主義者たちの激しい反発だけでなく、人びとによる抗議デモやストライキに直面するようになった。そして、二〇一四年の国民議会選挙での敗北を機に、ナフダ党は世俗主義勢力に政権を譲ることとなった。

「想定外」の勝利

このように、イスラーム主義運動は、「アラブの春」後の選挙にイスラーム政党として参加・勝利しながらも、その後は旧体制派を中心とした世俗主義勢力との関係調整に難航し、最終的には政権の座を追われた。こうしたイスラーム主義者と世俗主義者の相克には、本書を通じて見てきたオスマン帝国崩壊以来の「あるべき秩序」の模索、別の言い方をすれば、政治と宗教の関係という「古くて新しい問い」をめぐる中東諸国の困難を看取できる。

だが、ここで強調しておくべきは、欧米諸国がこの困難に拍車をかけたことであった。欧米型の民主化を期待していた欧米諸国にとって、イスラーム主義者の選挙での勝利は「想定外」であり、歓迎されざるものであった。そのため、ムルスィー大統領の新政権に対しては政治的な支持も経済的な支援も低い水準にとどめ、さらには、二〇一三年のクーデタによって成立した国軍出身のアブドゥルファッターフ・スィースィー(一九五四年〜)大統領による事実上の軍事政権を容認した。そして、新たに「テロ組織」に指定されたムスリム同胞団のメンバーに対する大量投獄などの人権侵害に対して沈黙を続けた。ムスリム同胞団は、新たな「対テロ戦争」の標的となった。

こうして、イスラーム政党の盛衰を経た後、エジプトには「アラブの春」以前よりも強権的な独裁政権が復活することとなったのである。

民主化の二重基準

このような欧米諸国による「中東諸国の民主化を支持するが、イスラーム主義者の勝利は容認しない」という姿勢は、二〇一一年以前にもしばしば見られたものであった。民主化の二重基準（ダブルスタンダード）である。

その最初のケースは、先に触れた一九九一年のアルジェリアの国民議会選挙でのイスラーム救済戦線の勝利であった。イスラーム救済戦線は、この時点で全国一万二〇〇〇ものモスクを管理下に置くなど、強い組織力・動員力を持っていた。これを脅威と見なした軍が、クーデタを起こし、複数政党制の停止と独裁政権の樹立に踏み切った。その結果、アルジェリアは、世俗主義者の独裁政権とイスラーム主義者の反体制派――特にその中心となった武装イスラーム集団（GIA）――との間の内戦状態に陥った（～二〇〇二年）。このとき、クーデタとその後に成立した独裁政権を実質的に支持したのが、旧宗主国としてアルジェリアに強い影響力を持っていたフランスであった。

もう一つのケースは、二〇〇六年初頭に実施されたパレスチナ立法評議会選挙におけるハマースの勝利（全一三二議席中七四議席を獲得）であった。選挙の翌日に結果の受け入れの拒否を表明したイスラエルに続き、アメリカ、ロシア、欧州連合（EU）、国際連合からなる「中東和平カルテット」が、ハマース主導の新政権が暴力の放棄、過去の合意の遵守、イスラエルの生存権承認の三条件を拒否したことを理由に、パレスチナ自治政府に対する国際支援を停止した。その結果、パレスチナ社会は、世俗主義者のPLOとイスラーム主義者のハマースに分裂し、一時は武力衝突まで発生するなど、一〇年以上にわたって激しい混乱が続くことになった。

こうした欧米諸国による民主化の二重基準は、「アラブの春」において、それまで以上に鮮明なかたちで露呈した。それは、短期間かつ同時多発的に独裁政権が崩壊・動揺したことで、「ある国家の民主化は支持するが、別の国家のそれは支持しない」というコントラストが可視化されたからである。

民主化の二重基準は、突き詰めれば欧米諸国間のパワーポリティクスの産物と見ることができる。すなわち、欧米諸国は、中東各地における一般の人びとの台頭という「想定外」の事態に際して、自国の利益の保護・拡大にとって有利な同盟者への支援を行った。そして、その同盟者は、多くの場合、イスラーム主義者に対するカウンターバランスの役割を担うことになった。その台頭を抑止し、なおかつ欧米諸国、広くは「西洋文明」と良好(=従順)な関係を築くことが期待されたのである。

「トルコ・モデル」

「アラブの春」後のイスラーム主義が直面した困難を考えるとき、トルコの事実上のイスラーム政党である公正発展党(AKP)の功罪にも触れておく必要がある。

第2章で述べたように、トルコは、一九二四年にカリフ制の廃止に踏み切り、トルコ・ナショナリズムに基づく国民国家を建設してきた。世俗主義は憲法に記されたトルコの国是であり、イスラーム政党は禁止された。公正発展党の前身である福祉党(一九八三年結成)およびその後継である美徳党(一九九七年結成)も、そのイスラーム主義的な性格から、「世俗主義の番人」を自負する軍による圧力に晒され、一九九八年には憲法裁判所の判決によって非合法化された。

その教訓から、二〇〇一年に結党された公正発展党は、イスラームをめぐっては慎重な言動に努めた。しかし、それでもなお、同党は、イスラーム教育を受けた幹部や所属議員を数多く抱え、実質的にイスラームの教えに則った政策、例えば、公共の場での飲酒規制やテレビ番組での装束規制、さらには、欧米諸国一辺倒ではなく中東諸国との連帯強化などを打ち出した。そして、結党以来、国民議会選挙(二〇〇二年、〇七年、一一年、一五年六月と一一月)で勝利を重ね、トルコ・ナショナリズムと「イスラーム的」価値の融和を訴えながら、安定的な政権運営を行った。

ただし、人びとが公正発展党を支持した背景には、そもそもトルコでは世俗化への行き過ぎを懸念する民意が常に存在していたことに加え、同党が疲弊していた経済の立て直しに成功したこと、特にグローバルな新自由主義に適応しながらも、中間層や低所得層への手厚い経済・社会政策に取り組んだことへの高い評価があった。また、人びとの間には、長きにわたって権力を手中に収めてきたナショナリストや左派の腐敗への不満が蓄積していた。しかし、それでもなお、公正発展党という事実上のイスラーム政党を人びとが受け入れた事実は、トルコ政治の大きな転換点として見るべきであろう。

このような公正発展党の安定的な政権運営は、「トルコ・モデル」と呼ばれ、「アラブの春」によって「あるべき秩序」を模索し始めた中東諸国にとってのロールモデルとして注目を集めた。そこには、ジハード主義へのアンチテーゼとしての穏健なイスラーム主義への期待もあった。

ところが、二〇〇三年から三期にわたって首相を務めた党首レジェップ・タイイップ・エルドアン(一九五四年〜)は、次第に独裁色を深めていった。二〇一四年に新たに導入された直接選挙制度を通して大統領の座に就いた後も、その傾向は続いた。さらには、二〇一六年七月の軍によるクーデタ未遂、翌年四月の国民投票による憲法改正によって、エルドアン大統領のさらなる独裁化が進んだ。

その結果、イスラーム主義と民主主義の調和の可能性を示した「トルコ・モデル」が失敗したとの見方が広がっていった。そして、それは、イスラーム主義と民主主義は相容れないといった古典的な「イスラーム主義脅威論」を再燃させ、中東の各国でイスラーム主義者を政治から排除する動きを加速させることにつながった。

4　「イスラーム国」と「第三世代」

「絶望」を糧とした「イスラーム国」

二〇一〇年末に始まった「アラブの春」は、結果として見れば、独裁政治の下で長年暮らしてきた人びとの「希望」を背負ってきたイスラーム主義と民主主義の両者にとって、大きな打撃となった。とりわけ、イスラーム主義運動の「モデル」を提示してきたエジプトのムスリム同胞団の盛衰は、イデオロギーとしてのイスラーム主義の信頼と権威をも大きく損ねた。また、欧米諸国が見せた民主化の二重基準は、民主主義が必ずしも中東の人びとの意思を反映するものにはならない現実を露呈させた。

つまり、中東の人びとは、「アラブの春」を経て、「相変わらずの独裁政治」の下で生き続けるか、それとも、欧米諸国の顔色を窺いながら「条件付きの民主主義」を運営するか、「絶望」的な選択を迫られることとなったのである。

こうした「絶望」を糧にして、急速に勢力を拡大したのが、イラクとシリアにまたがる地に「建国」を宣言した「イスラーム国」であった。指導者のアブー・バクル・バグダーディー(一九七一〜)は、カリフを僭称し、独善的で極端なイスラーム法解釈に基づく独自のジハード主義を打ち出した。「イスラーム国」は、異教徒や「不信仰者」に対する凄惨な迫害や虐殺を繰り返し、その暴力と不寛容はそれまでのジハード主義を凌駕した。

さらに「イスラーム国」は、後で詳しく論じるように、現行の国民国家とは異なる統治の実施(イスラーム法による統治)、領域の設定(イスラーム王朝の歴史に依拠した版図)、そして、「国民」の定義(あらゆるムスリムがその一員となれる政治共同体)を主張することで、一九世紀末から二〇世紀初頭にかけて西洋列強による植民地主義によって「創造」された中東――「サイクス＝ピコ体制」――をその存立根拠から根本的に否定するアンチテーゼを示そうとした。それは、中東がその成立以来抱えてきたクーデタ、独裁政治、低開発、紛争、テロリズム、超大国による外部介入といった諸問題へのグロテスクな処方箋でもあった。

「イスラーム国」は、言うなれば、既存の国家における民主主義もそこで政権の座を目指すイスラーム主義も否定し、独自の「国家」を建設することで成立したイスラーム主義政権――あるいはジハード主義政権と言うべきか――であった。それは、「アラブの春」後に再始動した中東における「あるべき秩序」の模索に対する一つの答えでもあった。

「イスラーム国」の源流

「イスラーム国」の源流は、二〇〇三年のイラク戦争に求められる。フサイン政権の崩壊後、アメリカ主導の連合国暫定当局(CPA)は、「脱バアス化政策」を打ち出し、長年政権を担ってきたバアス党幹部たちを公職追放した。それまで築き上げてきた地位と富だけでなく、新生イラクでの居場所すら失った彼ら彼女らは、新政権とその後ろ盾であるアメリカへの不満を募らせた。

この時期、アメリカを共通の「敵」としたのが、アル＝カーイダであった。ビン・ラーディンが率いた組織の「本体」が『対テロ戦争』によって活動を低迷させるなか、その反米思想に感化され武力によるジハードへの参加を渇望する者たちの主戦場は、米軍占領下のイラクとなった。そこでは、世界中から参集した「義勇兵」からなる「二大河の国(イラクの意)のアル＝カーイダ(AQI)」が結成され、アメリカとその傀儡と目された新政権に対する武装闘争を行った。

その指導者は、隣国ヨルダン出身のアブー・ムスアブ・ザルカーウィー(一九六六〜二〇〇六年)であった。彼は、二〇〇六年に米軍に暗殺されるまで独自の思想も著作もほとんど残さなかったが、いわば野戦司令官として頭角を現した人物であった。

イラクの新政権に対峙しようとするこの二つの勢力は、次第に歩調を合わせるようになった。両者を結びつけたのは、「占領軍」への敵愾《てきがい》心だけでなく、アメリカを後ろ盾にして権力を奪取したと見なされたシーア派への復讐心であった。

旧バアス党員にはフサイン大統領の出身宗派であるスンナ派が多かったが、戦後イラクの政治の主導権を握ったのはダアワ党を中心としたシーア派のイスラーム主義者であった(第4章3参照)。そのため、旧バアス党員は、イラク戦争をシーア派によるスンナ派排除の企てとして非難した。他方、「二大河の国のアル＝カーイダ」は、シーア派を敵視し、イラクの地が「異教徒」(米軍)と「不信仰者」(シーア派)に収奪されていると考えた。つまり、宗派別の権力配分という政治的問題と「イスラーム的」を追求しようとする宗教的問題が、奇妙な一致を見せたのである(ただし、後で詳しく論じるように、これを単純に「宗派対立」と捉えてはならない)。

こうして、バアス党の残党とアル＝カーイダの支持者や共鳴者が結びつき、新たなジハード主義組織「イラク・イスラーム国（ＩＳＩ）」が誕生した。その結びつきを象徴したのが、二〇一〇年五月にバグダーディーがその司令官（アミール）に就任したとき、元バアス党員を幹部に任命したことであろう。イラク戦争開戦の口実の一つとなったフサイン政権とアル＝カーイダの関係は、結局戦後の調査でも証明されることはなかったが、皮肉にも杜撰《ずさん》な占領統治の産物として現実化したのである。

シリア紛争の勃発

「イラク・イスラーム国」は、国際社会の支援を受けた新政権の治安対策の強化により、二〇〇七年頃から劣勢に立たされるようになった。しかし、それを結果的に救ったのが、二〇一一年からのシリア紛争であった。紛争でアサド政権による統治が弛緩したシリアが、勢力を挽回するための「聖域」となったのである。

二〇一一年三月、「アラブの春」の炎がシリアにも飛び火した。チュニジアとエジプトでの革命の成功を受けて、シリアでもハーフィズとバッシャール（一九六五年〜）の父子二代にわたるアサド家による独裁政治に対する抗議デモが巻き起こり、やがて、武力を伴う紛争へと発展していった。同年九月の「自由シリア軍」の結成をはじめとして、シリアの各地で無数の反体制派の武装組織が生まれていった。

反体制派の武装組織は、アサド政権に退陣を迫るアメリカ、EU、トルコ、サウジアラビアなどの湾岸アラブ諸国といった諸外国に加えて、長年の独裁政治から逃れてきたシリア・ムスリム同胞団などの亡命シリア人たちからも武器、資金、人員を得ることで、勢力を拡大させていった。

しかし、紛争が二年目に入った頃から、反体制派の武装組織のなかにジハード主義者たちの姿が目立つようになった。その多くはシリア人であったが、世俗主義者の独裁政権であるアサド政権を打倒するために、世界中からシリアに参集してきた「義勇兵」もいた。なかでも最大勢力が、二〇一二年一月に結成された「シャームの民のヌスラ戦線（以下「ヌスラ戦線」、後に「シャーム解放委員会」に改称）」であった。その指導者アブー・ムハンマド・ジャウラーニー（一九七四年〜）は、アル＝カーイダの新指導者ザワーヒリーへの忠誠を表明していた人物であった。

反体制派の武装組織の数は増加の一途を辿り、アサド政権を激しく損耗させた。しかし、欧米諸国の影響力拡大を嫌ったロシアと中国、また、サウジアラビアと競合関係にあったイランが、それぞれアサド政権への支援を強めた。さらには、イランの「革命の輸出」戦略の申し子であったレバノンのヒズブッラーが（第6章2参照）、アサド政権側で紛争に参戦した。

こうして、シリア紛争は国際的な代理戦争の様相を呈することになった。つまり、①国際政治では欧米諸国とロシア・中国、②中東政治ではサウジアラビアとイラン、そして、③国内政治では反体制武装勢力とアサド政権という、三層構造の対立図式が完成したのである。その結果、シリア紛争の解決はいっそう困難なものとなり、長期化の様相を呈するようになった。

戦争がつくる「国家」

長期化した紛争は、シリアを破綻国家の淵へと追いやっていった。「イラク・イスラーム国」は、イラクからシリアへと越境し、そこを「聖域」として「イラクとシリアのイスラーム国(ISIS)」の名の下に武器、資金、人員を補充していった。そして、二〇一四年六月、イラク第二の都市モースルを陥落させた後、バグダーディー自身がカリフを名乗り、「イスラーム国」の建国を宣言した(「はじめに」参照)。

「イスラーム国」のメンバーは、当初はイラク人とシリア人が中心であったが、やがて多くの外国人が参加するようになった。アメリカのコンサルタント企業スーファーン・グループの調査によると、「義勇兵」として「イスラーム国」に参加した外国人戦闘員の数は、モースルを陥落させた二〇一四年六月の時点で八一カ国、約一万二〇〇〇人に上り、また、その後の一八カ月間でさらに約二倍に増加した。「イスラーム国」は、世界中のムスリムに対して移住(ヒジュラ)とその「国民」になることを呼びかけていたのである。

むろん、カリフを僭称するバグダーディーを頂点とする「イスラーム国」の「建国」宣言は一方的なものであり、国際法上の承認を得られるものではなかった。しかし、こうした法的な問題とは別に、「イスラーム国」が武力を背景に実際に「国家」を立ち上げることに成功した事実は重かった。

シリア・ラッカに入城するISの戦闘員たち

かつて社会学者C・ティリーが「戦争が国家をつくり、国家が戦争をつくる」と論じたように、ウェーバー的な意味での近代国家――「正統な物理的な暴力の行使の独占」――の確立に貢献したのは暴力であった。だとすれば、イラクとシリアにおいて「イスラーム国」が「建国」を暴力によって一方的に宣言したことは、近現代史を長いスパンで見れば、決して例外的な現象ではなかった。

中東においても、南北イエメンや南スーダンなどの分離・独立のパターンを除けば、イスラエルが戦争を通して国家を樹立したケースがある。イスラエルは、世界中のユダヤ教徒によるパレスチナの地への集団移住と周辺諸国との度重なる戦争を通じて、自らの領域を確立した国家であった（ただし、国際連合をはじめとする国際的な承認を得ていた）。

その統治・領域・「国民」

「イスラーム国」は、カリフを自称するバグダーディーを頂点に、評議会（内閣）、シャリーア法廷（裁判所）、軍、警察、治安部隊を整備し、また、「建国」宣言から早い段階で独自の通貨やパスポートの準備をするなど、近代国家に通底する中央集権的な支配を試みた。その一方で、「過激」なイスラーム法解釈に基づき、民主主義、政教分離、男女同権、表現の自由など近代以降に培われてきた「普遍的価値」を徹底的に否定するような言動を繰り返した。

「イスラーム国」は、「国家」としての領域をイラクとシリアを超えた地域へと拡大することを宣言した。その領域は、究極的には、西はイベリア半島やサハラ以北のアフリカ大陸から、東はインド亜大陸、中央アジア、中国の一部までに広がるものとされた。バグダーディーは、カリフを僭称した際に、これらの地域を含む世界中のイスラーム過激派の組織に忠誠を誓うように呼びかけた。そして、忠誠を誓った者たちには、自らの活動地域を「イスラーム国」の

「州」とすることを求め、実際にリビア、アルジェリア、シナイ半島、イエメン、アフガニスタン、ナイジェリアなどのジハード主義の諸組織がこれに応えた。

「イスラーム国」は、既存の国民国家の国境線にとらわれない——むしろ、それを植民地主義の負の遺産として徹底的に否定することで——新たな「国家」を実効的に立ち上げようとした。特定の民族ではなく、ただムスリムであることを「国民」の要件とする、イスラームの信仰に基づく政治共同体の建設が目指されたのである。その意味において、「イスラーム国」は、中東における国民国家を構造だけでなく、認識の面からも激しく揺さぶるものであった。

「未完の物語」としての「シリア分割」

「国家」としての「イスラーム国」がイラクとシリアにまたがる地に生まれたことは、決して偶然ではなかった。確かに、冷戦終結以降、ジハード主義者が破綻国家に生じた統治の空白を「聖域」として勢力を拡大するケースは、アフガニスタンやソマリアなどでも見られてきた。しかし、「イスラーム国」が従来のパターンと異なっていたのは、それが既存の国民国家を再編するかたちで領域横断的に新たな「国家」を建設しようとした点であった。

そうした営みが他ならぬイラクとシリアで現れたのは、オスマン帝国後の「あるべき秩序」

の模索が隣接する他の諸国や地域よりも複雑かつ劇的になされてきたためであろう。国民国家としてのイラクとシリアは、二〇世紀初頭の両大戦間期の西洋列強による「シリア分割」によって形成された極めて「人工性」の高い国家であった（第2章2参照）。

この「シリア分割」における「シリア」とは、歴史的にアラビア語でシャームと呼ばれてきた、ダマスカスを中心とした緩やかな地理認識に基づいた地域である。オスマン帝国の崩壊に伴い、西洋列強によってこの「シリア＝シャーム」が分割され、現在のシリア、レバノン、ヨルダン、パレスチナ／イスラエル、そしてトルコとイラクの一部という、それぞれが自己完結的な国民国家群へと再編された。

ここで重要なことは、この地域では、人びとの多くが「シリア＝シャーム」の地理認識を共有しながらも、そこにどのような国家を建設するかについてはそれぞれ大きく異なってきた、という点である。オスマン帝国の崩壊後の西洋列強の植民地主義による「シリア分割」は、国民国家群の物理的な創出という構造面だけでなく、「シリア＝シャーム」のあり方をめぐる観念の分極化という認識面をも有するものであった。

「シリア分割」は、パレスチナ問題（一九世紀末〜）、クルド問題（一九世紀末〜）、レバノン内戦および国内政治の麻痺（一九七五〜九〇、二〇〇五年〜）、イラク内戦（二〇〇三年〜）、シリア紛争(二〇一一年〜)などに見られるように、今日に至るまで続いている。

「宗派対立」の虚実

「イスラーム国」は、紛れもなく、暴力と不寛容を特徴とするジハード主義の組織であった。それは、世俗化や西洋的近代化を推し進める独裁政権だけでなく、シーア派などのスンナ派以外の宗派を敵視した事実に看取できる。

「イスラーム国」にとって、自らが奉じるスンナ派以外の宗派のムスリムは「不信仰者」や「背教者」として排除の対象であった。シリア紛争では、アサド政権側で戦うシーア派の戦闘員に加えて、同派の聖地や聖廟までもが攻撃の対象とされ、スンナ派以外の宗派に対する暴力と不寛容が露見した。

このような自らが帰属する宗派を至上のものと認識し、他宗派を暴力や不寛容の対象とする言動のことを、宗派主義(ターイフィーヤ)という。

ムスリム同士の同胞性を重んじるイスラームにおいて、ウンマの分裂をもたらす宗派主義は忌避されてきた。そのため、スンナ派とシーア派の教義や歴史観の違いを争点として暴力的な紛争が起こることは歴史的に見ても稀であり、宗派主義を掲げる者たちや運動が大きな力を持つことはほとんどなかった。

しかし、ジハード主義者たちは、宗派をめぐるこの論理にタクフィール主義による解釈を加えることで、タブーを義務へと昇華することを試みた。すなわち、「スンナ派以外の宗派はもはや「不信仰者」や「背教者」であり、もはやムスリムではない」とする解釈である。さらに、彼ら彼女らは、ウンマの復興のためには、これを暴力によって排除しなくてはならないとした。

歴史的に忌避されてきた宗派主義が今日の中東諸国に蔓延し始めた背景には、富や地位をめぐる権力闘争が宗派の違いを争点とする世界観闘争の様相を帯びていったことがあった。その契機となったのは、二〇〇三年のイラク戦争とその後の国内政治の混乱であった。

第一に、フサイン政権崩壊後のアメリカ主導の占領統治下で、スンナ派、シーア派、クルド人の宗派や民族を単位に利権配分がなされたことがあった。その結果、国内の権力闘争は宗派や民族の違いに沿って展開されることになった。つまり、内面の信仰として宗派への特段のこだわりがなくとも、誰もが宗派別の利権配分に関心を持たざるを得なくなった。

第二に、宗派を単位とした権力闘争の拡大によって混乱状態に陥った国内政治を安定化させるために、イラクの新政権が、宗派を異にする部族を単位に治安部門を新たに創設したことがあった。自警団として創設された覚醒評議会（二〇〇六年）や、「イスラーム国」に対抗する義勇兵や民兵組織を統合した人民動員隊(二〇一四年)は、実質的には宗派別の編成となった。

重要なのは、これらが本来的にはイラク国内の権力闘争に過ぎないものであったにもかかわらず、あたかも教義、歴史観、アイデンティティを争点とした世界観闘争の様相を呈するようになってしまったことである。世界観がひとたび争点となってしまうと、解決も解消も困難となる。さらには、世界観を利用することで敵味方を峻別し、権力闘争を効率的に推し進めようとする政治的・宗教的エリートが現れるようになる。悪循環であった。

イスラーム主義運動同士の「内部抗争」

その結果、いくつかの中東諸国で、イラクと同様の現象が見られるようになった。それは、とりわけ、「アラブの春」を契機として暴力的な権力闘争が発生した諸国で顕著に見られた。具体的には、バハレーン、イエメン、シリアであり、それぞれ、スンナ派とシーア派のイスラーム主義運動が、宗派の違いを軸とした対立構図に絡め取られていった。それは、ある運動が宗派を異にする別の運動と対立する構図であり、いわばイスラーム主義運動同士の「内部抗争」の様相を呈した。

バハレーンでは、「アラブの春」の際に独裁政権に対する抗議デモが起こったが、その中心的な役割を担ったのが、シーア派のイスラーム政党であるウィファーク(二〇〇一年結成)であった。これに対して、スンナ派の首長が率いる政権側は、自宗派のイスラーム主義運動を糾合した国民統一会合を結成し、これに対峙させる戦略を採った。

イエメンでも、スンナ派出身の大統領率いる新政権に対して、シーア派のフサイン・バドルッディーン・フースィー(一九五六〜二〇〇四年)らによって結成されたイスラーム主義運動(通称フースィー派)が気勢を上げた。フースィー派は、一九七九年にイスラーム革命を成就させたイランを範とし、イエメンの社会と国家のイスラーム化を目指す運動であった。

中東諸国のなかでも、スンナ派とシーア派のイスラーム主義運動が最も激しく衝突したのが、シリアであった。先に述べたように、シリアでは、反体制派の武装組織のなかでスンナ派の「ヌスラ戦線」や「イスラーム国」などのジハード主義者が台頭した。これに対して、アサド政権は、同盟国イランの革命防衛隊や隣国レバノンのヒズブッラー——いずれの組織もシーア派——の直接的な軍事支援を得ながら応戦した。その結果、シリアの地で、スンナ派とシーア派のイスラーム主義者同士の激しい戦闘が繰り広げられることとなった。

バハレーン、イエメン、シリアのいずれのケースについても、本質的には国内の権力闘争であったものに、イスラーム主義運動がこれに主体的に参加するかたちをとった。事実、スンナ派のジハード主義者を除けば、宗派の違いを争点とする——宗派主義を掲げる——イスラーム主義運動は皆無であった。

しかし、紛争の実態としてスンナ派とシーア派に陣営が分かれたこと、そして、それぞれの宗派の盟主を自認するサウジアラビアとイランがそれらの陣営を支持・支援したことから、あたかも「宗派対立」が起こっているかのように語る人びとが、当事者と観察者の両方から現れるようになった。

サウジアラビアとイランの対立は、スンナ派とシーア派の宗派の教義上の違いを争点としたものではなく、実際には、国際政治における他の国家間関係と同様に、軍事力を背景とした安全保障上の相互不信と脅威認識によるものであった。しかし、実際に中東各地の紛争で多くの被害や死者が出た結果、「宗派対立」の認識や言説が強化されていった。

「第三世代」の古さと新しさ

「イスラーム国」は、目的と手段の両面において、紛れもなく「過激」なジハード主義者であった。しかし、彼ら彼女らは、ジハード主義者の「第一世代」(一九六〇~七〇年代)、「第二世代」(一九八〇年代末~二〇〇〇年代)とは異なる特徴を持っていたため、「第三世代」に分類することができよう。

具体的には、「イスラーム国」は、「旧世代」に対する古さと新しさを兼ね備えていた。

まず、古さについて言えば、「第一世代」への先祖返りの一面が見られる。すなわち、「イスラーム国」の最終目標はイスラーム国家の樹立であり、また、カリスマ的な指導者と組織化された運動を持つという、ムスリム同胞団に見られたイスラーム主義運動の古典的な「モデル」が踏襲されていた。

「イスラーム国」の機関誌の一つ『ダービク』

「イスラーム国」は、アジアからアフリカにかけての広大なイスラーム国家の建設を標榜しながらも、実際にはイラクとシリアという二つの国民国家内での権力闘争に拘泥《こうでい》した。このことは、「第二世代」のアル＝カーイダが脱領域性とジハードの自己目的化を特徴としたのとは対象的である。

他方、新しさは、その思想に新規性も画期性も欠けていたこと、にもかかわらず、急速かつ広範に支持者や共鳴者を得たこと、という二つの逆説に見ることができる。すなわち、「イスラーム国」が提示したのは、彼我をめぐる単純な二項対立的な世界観と「敵」と戦うための手段や方法だけであり、また、それらを導き出すための方法も、クルアーンやハディースを主たる典拠とする通常のイスラーム法解釈の手続きに過ぎなかった。だが、この思想の名に値しない陳腐さこそが、「イスラーム国」が見せた爆発的な訴求力の源泉であり、新しさであった。

すなわち、「イスラーム国」は、その主張を、長大なテクストではなく、単純なメッセージや画像・映像のかたちで発信することに徹した。そして、残忍なテロリズムや虐殺行為、歴史的遺産の破壊、奴隷制の復活、女性の権利の蹂躙、兌換紙幣の廃止など、扇情的な言動を織り交ぜることで、効率的に世界の耳目を集めていった。

その過剰なまでの「反近代西洋」の姿勢は、「第二世代」のアル゠カーイダなどにも見られた。しかし、「イスラーム国」は、その極致を示し、一定領域内で「国家」として具現化することで、新たな時代のジハード主義者のあり方を見せたのである。

イスラーム主義政権の挑戦と挫折

本章で見てきたことをまとめよう。二〇一〇年末に始まった「アラブの春」は、イスラーム主義者たちに権力への扉を開いた事件であった。長年の独裁政治による封印が解かれたことで、「帝国後」の「あるべき秩序」の模索が再始動した。自由と寛容の空気が広がるなか、反体制派としての「定位置」にあったナフダ党やムスリム同胞団といったイスラーム主義運動は、イスラーム政党の結成へと踏み出し、民主政治への挑戦を開始した。そして、選挙を勝ち抜き、イスラーム主義政権を打ち立てることに成功した。

しかし、「アラブの春」ならぬ「イスラーム主義者の春」は、長くは続かなかった。長年の独裁政治による負の遺産を清算することは、執政経験を持たないイスラーム主義者たちにとってあまりにも荷が重すぎた。彼ら彼女らは、世俗主義者を中心とした旧体制派との関係調整、独裁政治による社会や国家の歪みの解消、そして、欧米諸国による民主化の二重基準への対応において、人びとの期待に十分に応えることはできなかった。

こうして、人びとの支持を失ったイスラーム主義者たちは、政権の座を追われた。とりわけ、クーデタによって政権が崩壊したエジプトでは、世俗主義者と軍主導の独裁政権が復活し、ムスリム同胞団は「テロ組織」として苛烈な弾圧を受けるようになった。中東の人びとの間で、民主主義とイスラーム主義の両方への期待が失われていった。

その「絶望」的な状況へのグロテスクな処方箋を提示することで台頭したのが、「イスラーム国」であった。「イスラーム国」は、思想的にも政治的も閉塞状況に陥った中東において、独善的なイスラーム法解釈に基づく統治、領域、「国民」のあり方を打ち出し、また、それを過剰なまでの暴力によって実現しようとした。それは、いわば「アラブの春」が産み落とした「もう一つのイスラーム主義政権」であった。

「イスラーム国」の登場は、中東の社会と国家をさらに荒廃させた。偏狭な彼我の二分法は人びとの間で「宗派対立」を惹起し、歴史上ほとんど見ることのなかったイスラーム主義運動同士の武力衝突を各国で引き起こした。「アラブの春」の自由と寛容の空気は完全に過去のものとなった。それどころか、中東はかつてないほどの混乱の時代へと入っていった。

終章 もう一つの近代を構想する

「アラブの春」後の新憲法下で初となる国民議会の開会(チュニジア・チュニス，2014 年 12 月 2 日，Getty Images)

1　グローバル・ジハードの問題

三重の苦難

「アラブの春」を経て、イスラーム主義は、独裁政権の復活、テロリズムの蔓延、宗派の違いを軸にした内部抗争、言い換えれば、権威主義、過激主義、宗派主義という三つの「主義」による三重の苦難に直面した。

この三つの「主義」は、それぞれ独立して存在しているのではなく、一つの円環を描くようにして顕在化した。権威主義の持続や強化が過激主義の台頭をもたらし、過激主義の台頭は宗派主義の拡大を引き起こす。そして、過激主義と宗派主義によって政情不安に陥った国家では、治安の回復を口実に権威主義がさらなる強権を振るう――この円環のなかで、イスラーム主義は、大きな試練の時を迎えることになった。

「アラブの春」は、オスマン帝国崩壊以来の中東における「あるべき秩序」をめぐる模索を再始動させた。しかし、一連の混乱の果てに立ち現れたのは、権威主義、過激主義、宗派主義という暴力と不寛容に満ちた不幸な状況であった。イスラーム主義は、これらの「主義」の前に、思想としても、またそれを掲げる運動としても、有力な解決策を示すことが難しくなった。

中東政治の主体的構成要素

では、イスラーム主義は、このような中東の不幸な状況に対して無力なのだろうか。あるいは、このまま力を失っていき、やがては消えゆく運命にあるのだろうか。

ここでの答えは否である。なぜなら、今日の中東の病理とも言えるこの三つの「主義」が出現した過程に、イスラーム主義それ自体が大きく関わってきたからである。このことは、翻って、イスラーム主義がこの病理の克服に寄与する可能性を有していることを示している。

「アラブの春」後のエジプト、シリア、リビア、イエメンでは、イスラーム主義政権の挫折が、独裁政権の復活をもたらし、さらには各国でのジハード主義者の台頭を助長した。他方、シリア、リビア、イエメンでは、反体制派の「定位置」にあったイスラーム主義運動と独裁政権との紛争が、凋落を見せていた「第二世代」のジハード主義者を再活性化させ、さらには「イスラーム国」という「第三世代」を生み出した。そして、こうして勢力を拡大したジハード主義者たちは、中東の政治を構造と認識の両面から激しく揺さぶり、これに対抗する必要悪としての独裁政権の存続や復活が黙認されるようになった。つまり、イスラーム主義は、結果として、ジハード主義者と独裁政権の両者の「進化」を招くことで、今日の中東のあり方に大きく作用したのである。

ここで見えてきたのは、イスラーム主義が今日の中東政治の主体的構成要素であるという事実である。中東の政治の趨勢がイスラーム主義に大きな影響を与えると同時に、イスラーム主義が中東のあり方を大きく変えてきた。それは、オスマン帝国崩壊から一〇〇年が経とうとしている今日においても、「帝国後」の時代の「あるべき秩序」の模索が継続している証でもある。

確かに、二〇世紀に比して、二一世紀のイスラーム主義には、思想としての目覚ましい展開は見られなくなっている。「アラブの春」では、イスラーム政党が思想よりも政策の深化に注力し、他方、「イスラーム国」はテクストよりもイメージの拡散に終始した。

しかし、それでもなお、それらに支持や共感を寄せる人びとが多く存在する事実からは、中東において政治と宗教の関係のあり方という「古くて新しい問い」が未解決のままにおかれ、イスラームという宗教を政治に反映すべきとする声が根強いことを読み取ることができる。

グローバル化したジハード主義

ここで注目すべきは、三つの「主義」のなかの過激主義、すなわちジハード主義によるテロリズムの蔓延が、「あるべき秩序」の模索というコンテクストから遊離し、中東の地を越えてグローバルな病理へと変貌したことである。この問題が、翻って、イスラーム主義一般を世界にとっての病理と見なす言説や権力作用を強化している。

欧米諸国では、二〇〇〇年代の「対テロ戦争」の際にはまだ見られた「穏健」と「過激」を峻別するべきとする「良識的」な議論すらも後退し、ジハード主義、イスラーム主義、イスラームを十把一絡げとする露骨な偏見や差別、さらには、ヘイトスピーチ／クライムまでもが目立つようになった。イスラーム主義だけでなく、イスラームそれ自体のさらなる「安全保障化」が進んでいる。

「イスラーム国」は、イラクとシリアにまたがる地域に「国家」を築いた後、世界規模のイスラーム国家の建設構想を完遂するために、「州」を拠点に活動するジハード主義者だけでなく、将来的に「国民」となり得る世界中のムスリムに対して、武器を取るジハードを呼びかけた。こうした現象は、一般にグローバル・ジハードと呼ばれる。

世界各地で活動を活発化した「イスラーム国」への共鳴者たちは、「ホームグロウン（地元育ち）」と「イラク・シリア帰り」に大別できる。

まず、「ホームグロウン」には、様々なジハード主義者による運動や組織に加え、ローンウルフ（一匹狼）と呼ばれる個人も含まれた。特に、二〇一五年以降にフランス、ベルギー、ドイツ、イギリス、スペインなどの欧米諸国で頻発したテロリズムにおいては、このローンウルフが目立った。

他方、「イラク・シリア帰り」には、「イスラーム国」に「義勇兵」として参加し、帰国後にその指揮系統のなかでトップダウン的に作戦を実行する場合と、独自にボトムアップ的に活動する場合があった。例えば、リビアでは、二〇一四年の半ばから「イスラーム国」への共鳴者の台頭が見られたが、その中核となったのが「イラク・シリア帰り」のリビア人であった。

「イスラームの過激化」か、「過激主義のイスラーム化」か

「イスラーム国」への共鳴者は、どのようにして生まれたのか。その説明の一つは、「彼ら彼女らがムスリムであったから」というものであろう。「イスラーム国」が、その名の通りイスラームを信奉している限り、ムスリム一般への訴求力を発揮し得ることは否定できない。

しかし、世界各地に出現した共鳴者たちの実態を細かく見ていくと、「ムスリムだからジハードに参加した」のではなく、「ジハードに参加するためにムスリムになった」ケースも見られた。また、「イスラーム国」の「思想」を詳細まで吟味し、他の様々な思想と比較した上で、理性的・自覚的に選び取ったというよりも、実際にはイスラームそのものへの信仰も理解も貧弱なまま短絡的に行き着いてしまったようなケースも多かった。

では、実際には、何が彼ら彼女らをジハード主義に向かわせたのか。先に触れたケペルとロワという二人の著名なフランス人専門家の間の論争を、「イスラームの過激化」と「過激主義のイスラーム化」の対比（『ニューヨーク・タイムズ』二〇一六年七月一二日）で見てみよう。

ケペルは、共鳴者の出現を「イスラームの過激化」で説明する。一三〇名もの犠牲者を出した二〇一五年一一月のパリでの連続テロ事件の直後に刊行された著書『グローバル・ジハードのパラダイム――パリを襲ったテロの起源』において、彼は、中東に出自を持つムスリムたちを取り巻く現在の政治・社会・経済状況――「フランス社会の亀裂」――がジハード主義の隆盛と過激化をもたらし、その憎悪と暴力の矛先がヨーロッパに向けられるようになったと論じた。

これに対して、ロワは、自らを取り巻く社会への絶望から破壊衝動――ニヒリストの「死の追求」――を持つに至った者たちが、「イスラーム国」などのイスラーム過激派の組織や運動へと参加していくのだとした。こうした者たちにとって、自らの言動が「イスラーム的」であるかどうかは後付けの問題に過ぎない。ロワによれば、武装闘争を掲げたかつての急進的な左派が後退した今日において、グローバル・ジハードは社会や世界に対する反乱を実践するための受け皿となっているという。彼の表現によれば、「過激主義のイスラーム化」である。

第7章で述べたように、「イスラーム国」には、思想らしい思想はなく、あるのは彼我をめぐる単純な二項対立的な世界観と、それを伝達するための単純なメッセージと映像・画像だけであった。だとすれば、確かに常軌を逸した暴力と不寛容が目立つようになったとはいえ、それを「イスラームの過激化」と見るべきかどうかについては、議論の余地がある。

「ぐれ」という普遍性

むしろ、ここで注目すべきは、ロワの論じた「過激主義のイスラーム化」の方であろう。自らが生を営む社会や国家に幻滅したり、それを破壊する衝動に駆られることで、人びとはグローバル・ジハードに傾倒しやすくなる。しかし、そこで観察されるのは、良き／善きムスリムへと改心し、イスラーム主義者となり、そこからさらにグローバル・ジハードに傾倒するという、個人の内面的な思索や葛藤を通した段階的な過程ではなく、自らの破壊衝動を実際の行動へと移すことを正当化するための理屈や原理への短絡であった。

つまり、グローバル・ジハードは、破壊や殺戮の衝動を潜在的に有する者たちに対して、それを実行するための一形式を提供したものと見ることができる。これこそが「第三世代」の「イスラーム国」の戦略であり、思想の体系化ではなく表層的なイメージの拡散に注力することで、既存の権力や権威、さらには道徳や倫理に背を向けることをレゾンデートル(存在意義)とするマフィアやギャングの性格に似た、いわば「ぐれ」の一形式を提示したのである。だとすれば、グローバル・ジハードは、イラクやシリア、中東のジハード主義者やムスリムに特有なものでなく、世界中で、誰もが、どこでも、いつでも共鳴しうる普遍性を獲得したことになる。

普遍性と特殊性のねじれ

こうして、普遍性を帯びたグローバル・ジハードは、各地で共鳴者を次々に増やすことで、世界にとっての脅威となった。ところが、その対応においては、ジハード主義やイスラーム主義の特殊性を強調する言説が溢れた。それを象徴したのが、ヨーロッパでテロ事件が起こるたびに、その報復としてイラクとシリアを拠点とした「イスラーム国」への軍事攻撃を敢行したことであった。それは、言い換えれば、ヨーロッパでのテロ事件の原因は、あくまでもヨーロッパの外部に存在するという認識の現れであった。

しかし、ジハード主義への共鳴者が世界の各地で出現した原因を考える上では、彼ら彼女らの主観的な信仰や「狂信」だけではなく、「ぐれ」を誘発する客観的な条件を考慮に入れなくてはならない。

そもそも、グローバル・ジハードは、「第二世代」のアル＝カーイダによっても唱えられていた。それが、「第三世代」が出現した二〇一〇年代以降に一層の拡大を見せたのは、「イスラーム国」のより巧みな宣伝や「建国」の成功に依るところもあるが、世界が「ぐれ」を生み出すような社会の歪みを放置してきたためであろう。貧富の格差の拡大、偏見や差別の蔓延、民主主義への信頼低下など、「ぐれ」を誘発する諸問題は、中東だけでなく他の地域にも広がっている。

だからこそ、その普遍性を帯びた「ぐれ」への対応において、ジハード主義やイスラーム主義の特殊性ばかりを強調することは、逆効果となった。二〇一五年から欧州で頻発した自発的な共鳴者たちによるテロ事件を「イスラーム国」の「本体」による犯行と決めつけ、報復を声高に宣言したこと。そして、実際にイラクやシリアへの軍事攻撃を敢行したこと。また、ムスリムの移民や難民に対する監視を強化したり、「対テロ戦争」の名目で中東の独裁政権を陰に陽に支持したりしたこと。これらはすべて、ジハード主義者の世界観に説得力を与え、社会や国家への不満や怒りを抱いていた者に、「ぐれ」だけでなく、破壊や殺戮のための口実を与えた。

結局のところ、「アラブの春」を経てもなお、世界は、第6章で論じた「対テロ戦争」の陥穽を克服できていなかったのである。「第三世代」が「第二世代」よりも普遍性を獲得したのだとすれば、それは中東政治やイスラーム主義だけの問題ではなく、「ぐれ」や破壊・殺戮への衝動を持つ人びとを生み出した世界の問題としても捉えなくてはならない。そして、それは、イスラームの「安全保障化」や「対テロ戦争」の陥穽の克服だけでなく、貧困や差別・偏見の解消、自由や平等の実現、基本的な人権の保障など、様々な社会問題への取り組みを含むものになる必要がある。

2　ポスト・イスラーム主義

ポスト・イスラーム主義とは何か

中東の政治のコンテクストに戻ろう。イスラーム主義は、「アラブの春」後の三重の苦難

――権威主義、過激主義、宗派主義――を克服し、「帝国後」の「あるべき秩序」を提示する有力なイデオロギーの座を取り戻すことができるだろうか。

本書を通して見てきたように、イスラーム主義は硬直したイデオロギーではなく、時代や環境に応じて、思想、運動、革命、武装闘争やテロリズム、政党・政策などのかたちで中東政治に大きな影響を及ぼしてきた。したがって、今後もかたちを変えながら、中東の国家と社会のあり方に働きかけていくものと考えられる。

では、イスラーム主義はどのように変化していくのだろうか。

この問題について、近年、「ポスト・イスラーム主義(post-Islamism)」と呼ばれる議論が盛んとなった。ポスト・イスラーム主義とは、イスラーム主義に「後」を意味する接頭語である「ポスト(post)」が付けられたものであり、イスラーム主義の新たな思想や運動の潮流を説明するための分析概念である。

だが、その定義については論者の間で異にする。

先に触れたロワは、ポスト・イスラーム主義を、イスラーム国家の樹立を目指す思想や運動に対置させながら、「再イスラーム化の個人化」をめぐる「複合的な実践と戦略」と捉える。

彼は、一九九二年の時点で、アルジェリアのイスラーム救済戦線の経験を事例として（第7

章3参照)、イスラーム主義者がイスラーム国家の樹立に挫折したことで革命性と急進性を喪失し、その結果、既存の国民国家の枠組みのなかで他の政治勢力と同じような「正常化」の道を歩まざるを得なくなると論じた。

ロワのポスト・イスラーム主義の議論は、この「政治的イスラームの失敗」論の延長線上にある。すなわち、イスラーム主義は、イスラーム国家の樹立に「失敗」した後、国家権力よりも社会や個人における生の充実へ、言い換えれば、公的領域よりも私的領域の「再イスラーム化」へと活動の重心を移していくものとされた。

国家中心的議論の限界

このロワによるポスト・イスラーム主義論は、一九九〇年代から二〇〇〇年代にかけてのイスラーム主義の変化を概ね正確に捉えているように思われる。確かに、イスラーム国家の樹立を声高に叫ぶ者たちは、今や一部のジハード主義者に限られるようになり、イスラーム主義者の多くが、自らの生を営む国民国家や民主主義へのコミットメントを強めている。彼ら彼女らは、イスラーム政党を結成し、世俗主義を含む他のイデオロギーを掲げる政治勢力との積極的な連携を見せている。

だが、いくつかの疑問も残る。こうした変化は、イスラーム国家の樹立に挫折しなければ起こらなかったのか。イスラーム主義は、ポスト・イスラーム主義に置き換わるようなものなのか。イスラーム国家樹立の目標は、本当に放棄されたのか。

ロワは、自身が唱えた「政治的イスラームの失敗」論を議論の出発点とすることで、①「失敗」にイスラーム主義の変化の要因を収斂させ、②「失敗」の前後でイスラーム主義とポスト・イスラーム主義との間に断絶を見出し、③前者から後者への単線的・不可逆的な移行過程を想定していたと言える。

しかし、こうした想定は、結果的に、本書を通して見てきたような、イスラーム主義の多様性と変化を捉えるための足かせとなりかねない。そして、それは、結局のところ、ロワのイスラーム主義の議論が国家中心的であり、「政治」を既存の国家の内部での権力闘争と同一視してきたことを露呈している。

実際には、ムスリム同胞団、ナフダ党、ハマース、ヒズブッラーなどのケースで見てきたように、イスラーム主義者が国民国家や民主主義へのコミットメントを強めたからといって、彼ら彼女らのすべてが「失敗」を経験しているわけでも、国家権力の奪取を放棄したわけでも、さらには、イスラームを私的領域における事柄に限定したわけでもない。これらのイスラーム主義運動は、国民国家や民主主義を尊重し政党活動を行いながらも、草の根の社会活動や武力による抵抗運動を通して、公的領域における「イスラーム的」の実現を理想として掲げ続けている。

こうした現実を踏まえ、本書では、「政治」に「国民国家内の権力闘争」と「国民国家自体の相対化」という二重の意味を読み込んできた(第1章2参照)。イスラーム主義者は、この二つの「政治」を必ずしも個別ないしは継起的に捉えているわけではなく、「あるべき秩序」の実現のために働きかけるべき対象としてきたのである。

「もう一つの近代」への道

政治学者A・バヤートは、近年のイスラーム主義の変化を、「失敗」を境とした断続性ではなく、歴史的な継続性のなかで捉えることの重要性を指摘し、ポスト・イスラーム主義にロワとは異なる定義を与えた。バヤートのそれは、イスラーム主義に変化をもたらす「状況」とそれに伴う「計画」とされる。

「状況」とは、「イスラーム主義のアピール、エネルギー、正統性の源泉が枯渇した政治的・社会的状況」であり、他方、「計画」とは、イスラーム主義者たちによる「社会的、経済的、知的領域を横断するイスラーム主義の基本原則と倫理を概念化・戦略化しようとする自覚的な試み」を指す。

つまり、ポスト・イスラーム主義とは、イスラーム主義が一九七〇年代や八〇年代に見せたような強い訴求力を失った今日において、「「もう一つの近代」を実現すべく、イスラームと個人の選択や自由、すなわち民主主義や近代性とを結びつけようとする」営みのことを指す。

ただし、バヤートは、ポスト・イスラーム主義の出現が「潮流としてのイスラーム主義の歴史的終焉」を意味するわけではなく、それを「イスラーム主義の経験からの質的に異なる言説と政治の誕生と見るべき」であるとし、現実には両者の併存状況を観察できることもあるとも論じている。

しかし、だとすれば、ポスト・イスラーム主義は、多様性と変化を絶えず見せてきたイスラーム主義の今日的な一形態に過ぎず、わざわざ「ポスト」と名付け区別する意義が薄弱になる。事実、彼は、「啓示と理性の調和」を唱えた二〇世紀初頭のイスラーム改革者アブドゥ(第3章2参照)に、ポスト・イスラーム主義の特徴を見出している。

むしろ、バヤートのポスト・イスラーム主義論は、一九世紀末以来のイスラーム主義が本来的に持っていた発想、すなわち、神の意思に真摯に向かい合うことで、未知の事物から新たな

「イスラーム的」を発見できるとする発想を再確認した上で、その今日的な発露のかたちを捉えようとしたものと言えよう。

アフガーニー、アブドゥ、リダーらのイスラーム改革思想以来、イスラーム主義者たちが問題にしてきたのは近代西洋との関係のあり方であった。イスラーム主義が実現しようとしてきた「もう一つの近代」とは、西洋的近代に対置される、ないしは近代西洋を起源とする事物を排除した偏狭な「イスラーム的」な近代を意味しない。そこで想定されてきたのは、近代西洋とイスラームの二分法を止揚したかたちの近代なのである。

3　イスラームと民主主義

本質主義的説明の陥穽

二一世紀の今日においては、一部のジハード主義者をのぞけば、イスラーム主義者たちは、現代世界における「普遍的価値」との折り合いをつける努力を続けている。それを最も象徴してきたのが、イスラームと民主主義の関係であろう。

かつては、イスラームと民主主義は相容れないものとする見方が一般的であった。とりわけ、冷戦終結後の一九九〇年代初頭には、イスラームは、欧米諸国から共産主義に代わる新たな脅威と見なされるようになった。「西洋起源の民主主義」と「中東起源のイスラーム」といった文明間の対立――「文明の衝突」論――にまで発展した議論は、今日のマスメディアやアカデミアにも根強く残っている。

しかし、ムスリムが本質的に民主主義を受け入れることはない、とする見方は、既に歴史的にも統計的にも反駁されている。

歴史的には、オスマン帝国における憲法の発布と議会の設置(一八七六～七七年)やカージャール朝イランにおける立憲革命(一九〇五～一一年)など、一九世紀末から二〇世紀初頭の段階で、ムスリムによる民主化への動きがあった。

他方、統計的には、例えば、政治学者のP・ノリスとR・イングルハートが二〇一一年に発表した統計分析によって、文化が政治に与える影響は確かに存在するものの、現実にはムスリムも、キリスト教徒と同水準かそれ以上に、民主主義を重視していることが明らかにされている。

中東諸国のムスリムが積極的に民主化を訴えていることはもはや周知の事実であり、イスラームを民主化の阻害要因とする見方には疑問符がつく。

自由主義と世俗主義の問題

しかし、民主化というものを独裁政権の崩壊だけでなく、その後も含めたもう少し長いスパンで捉えた場合、イスラームと民主主義との間には軋轢が生まれる可能性がある。すなわち、両者の関係は、選挙の実施に象徴される政治参加の段階よりも、新政権が誕生した後に訪れる立法や行政の運営の段階において問題となり得る。

今日の世界における民主主義は、「宗教の違いによって個人の自由や権利が制限されたり侵害されたりしてはならない」という自由主義(リベラリズム)に立脚しており、その根底には政教分離を是とする世俗主義がある。したがって、イスラーム主義のような、「宗教を政治に何らかのかたちで反映させなければならない」とする立場は、自由主義や世俗主義に抵触する可能性が高い。「アラブの春」後にエジプトの自由公正党やチュニジアのナフダ党による執政が行き詰まったのも、自由主義者や世俗主義者からの反発が国内外から集まったことが一因であった。

このようなイスラームと民主主義をめぐる問題に対する最も単純な解決法、そして、実際に欧米諸国主導で何度も試みられてきた政策は、中東に自由主義と世俗主義を根付かせることであった。そうすれば、政治に宗教を持ち込もうとする者もいなくなり、欧米諸国もその政治のあり方に「満足」できる。

しかし、イスラーム政党の支持基盤の大きさと「アラブの春」後の選挙での躍進を見れば、イスラームの教えや価値観を何らかのかたちで政治に反映したいと望む人びとが中東に数多く存在することは明らかである。彼ら彼女らの声を一方的に封殺するような政策は、それ自体が民主主義の原理に反しかねない。

どのような民主主義を実践していくのか

だとすれば、問われるべきは、彼ら彼女らが「民主主義を受け入れるかどうか」ではなく、「どのような民主主義を実践していくのか」であろう。

実際、ムスリムの論者の間でも、イスラームと民主主義の関係は一大論点となってきた。今日では、イスラームには民主主義に通底する考え方（例えば、シューラー〔合議〕の教え）があるため、両者には矛盾はないと論じる立場が主流である。ただし、そのなかでも、それゆえに西洋的な民主主義を拒絶する立場と、イスラームとの折り合いをつけながら西洋的な民主主義との擦り合わせをすべきとする立場に分かれる。また、選挙に代表される民主主義の基本的な制度だけを採り入れるべきとする、限定的な立場もある。

こうしたムスリムたちの知的挑戦は、当然ながら、成功することもあれば、失敗することもある。その意味では、「イスラーム的」な民主主義を体現し得るものと期待されたトルコの公正発展党やエジプトの自由公正党が強権的な政治運営に手を染めていったことは、イスラームにとっても民主主義にとっても、不幸なことであった。

しかし、民主主義のよいところは、「愚行権」が保証されていることである。有権者は、選挙を通して政治運営を託す政権を選ぶ。もしその政権が期待されたパフォーマンスを見せられなければ、次の選挙で別の政権を選び直せばよい。この繰り返しこそが、一見遠回りのようではあるが、イスラームと民主主義の関係をめぐる「最適解」を導き出すための最も現実的かつ「民主的」な方法であろう。

中東の民主化、あるいはイスラームと民主主義の関係をめぐる「最適解」は最初から決まっているわけではなく、そこで暮らす人びとが主体となって時間と労力をかけて見つけていく必要がある。

4　もう一つの近代は可能か

他者の「悪魔化」、自己の「犠牲者化」

ところが、残念ながら、今日の中東には、人びとが異なる意見を表明し合い、対立や葛藤を経ながら合意形成をしていくための機会も場所もほとんど存在しない。権威主義、過激主義、宗派主義が公共圏を圧迫し、「あるべき秩序」を集合的に構想する余地はなくなっている。「アラブの春」は、結果的に見れば、民主的なアリーナ(闘技場)の形成よりも、その失敗の反動としてイスラーム主義と世俗主義の対立の激化をもたらした。

政治学者S・ハミードは、「アラブの春」を経て、世俗主義者がイスラーム主義者を「悪魔化(demonization)」するようになったと論じた。民主化後の選挙での躍進(チュニジアやエジプト)と紛争下における勢力拡大(リビアやシリア)のいずれのケースにおいても、世俗主義者は、イスラーム主義者をこれまで以上に自らの生存に関わる深刻な脅威と捉えるようになった。世俗主義者たちの間には、「アラブの春」まで盤石だと思われていた自分たちの地位が脅かされたのは、イスラーム主義者への取り締まりや弾圧が不十分であったからとの認識が芽生えた。そして、こうした世俗主義者によるイスラーム主義者の「悪魔化」を陰に陽に支えたのが、「対テロ戦争」を推し進めていた欧米諸国であった。

だが、ハミードは、イスラーム主義者の側にも世俗主義者との対立の激化の責任があったと批判する。イスラーム主義者たちは、対話を通して合意形成を目指すという民主主義の原理に誠実に向き合うことなく、選挙での敗者となった世俗主義者たちを恐怖させ、社会の分断を深刻化させたという。

中東・イスラームを専門にする著述家のT・オスマンも、同様の指摘をしている。彼は、その著書『イスラーム主義―それは世界と中東にとって何を意味するのか』で、イスラーム主義者が世俗主義者を「悪魔化」しただけでなく、その裏返しとして自己の「犠牲者化(victimization)」の罠に落ちたと批判した。そして、そのことが、彼ら彼女らが「アラブの春」後の選挙で躍進したときに、世俗主義者への意趣返しを招き、対話を通した合意形成を阻害したと論じた。

その結果、中東では、「あるべき秩序」を模索するための創造的な思考の営みは停滞するようになり、暴力と不寛容の応酬だけが残されたのである。

アイデンティティ・ポリティクスの隘路

このような、他者の「悪魔化」と、それと表裏一体の自己の「犠牲者化」は、世俗主義者とイスラーム主義者との間の没交渉をもたらしただけでなく、政治の混乱の原因を立ち止まって自己反省的に点検することなく、それぞれ相手に負わせるような硬直した姿勢を生み出した。そして、そうした姿勢は、翻って、両者の対立を再生産していく。

つまり、この時点で、イスラーム主義と世俗主義の関係は、それぞれが異なる加害者／被害者の図式を主張し合うだけのアイデンティティ・ポリティクスの様相を呈すようになってしまった。イスラーム主義も、世俗主義も、イデオロギーではなくアイデンティティの象徴となり、それぞれへの帰属を自認する人間集団同士による国家権力をめぐるゼロサム・ゲームが繰り広げられるようになったのである。

イスラーム主義者は、「アラブの春」の際に自分たちを熱狂的に支持した人びとが、なぜすぐに離れていってしまったのか、その原因を自己反省的に点検するのではなく、世俗主義者やそれを支持する欧米諸国に見出そうとした。その先に、近代西洋とイスラームの二分法を止揚した「もう一つの近代」の姿はもはや見えてこない。

それは、結局のところ、イスラーム主義者が数十年にわたる地道な営みを通して見せてきた多様性や変化、例えば、イデオロギーとしての深化、戦略や戦術の進化、組織力や動員力の拡大などを自ら矮小化する行為に他ならなかった。

さらに、こうした思考(停止)は、彼我をめぐる単純な二項対立的な世界観を振りかざすジハード主義へと通底することで、「過激」な者たちを生み出す土壌を用意することになった。その意味において、イスラーム主義は、ジハード主義と十把一絡げに「悪魔化」「安全保障化」される環境を、自らの手でつくり出してしまったのである。

創造的な営みを回復させるために

この隘路から抜け出し、イスラーム主義と世俗主義を二つの磁場とする様々なイデオロギーや思想が相互に関わり合う、創造的な営みを回復させるためにはどうすればよいのか。

そのためには、まず、人びとが異なる意見を表明し合い、対立や葛藤を経て、合意形成をしていく機会と場所を生み出すことが不可欠である。そして、そこでの営みだけが、中東における「あるべき秩序」を生み出し、「長い帝国崩壊の過程」を終わらせることができるものとなるだろう。

しかし、世界は、今のところ、イスラーム主義者の政治参加に対して寛容さを見せることができていない。中東の「民主化支援」の名の下に語られる民主主義は、二〇〇三年からのイラクや「アラブの春」でのリビアやシリアに対する政策に見られたように、常に欧米諸国の経験に基づく硬直したもので、かつ、過度に理想化されたものであることが多い。

そもそも民主主義は、思想としても(自由民主主義や社会民主主義など)、制度としても(多数決型や合議型など)多様であり、また、いずれであってもいまだ不完全さを残していることは周知の事実である。投票率の低迷、ポピュリズムの再燃、極右勢力の台頭など、欧米諸国においても、民主主義は厳しい挑戦に晒されている。

とりわけ、ムスリムの難民・移民の急増に直面した欧州において、政治と宗教の関係は大きな問題となっている。世俗化した社会や世俗主義を国是とする国家において「宗教的自由」はどこまで認められるのか、あるいは認められるべきなのか——かつてはフランス、ドイツ、オランダ、今日ではイギリスやベルギー、北欧諸国などでも問われている。

そのため、イスラームと民主主義、広くは政治と宗教の関係を考えることは、これから民主化を目指す中東諸国だけではなく、既に民主化を達成した多くの欧米諸国にとっても大きな課題となっていると言えよう。二〇世紀末の宗教復興の時代を経て「ポスト世俗化時代」を迎えた今日の世界は、どのような民主主義を実現すべきか、実現が可能なのか、今一度考えなくてはならない段階に入っているのである。

だとすれば、世界は、中東の人びとが追求する民主主義がどのようなものになるのか、虚心坦懐に向き合っていくべきであろう。そこでは、世俗化の進行や世俗主義者による権力独占を既定路線と見なさないだけでなく、イスラーム主義をジハード主義やテロリズムと同一視することなく、多様性と変化に富んだイデオロギーとして捉えることが不可欠となる。

世界に今求められているのは、世俗主義であれ、イスラーム主義であれ、中東の人びとの多様な意見が等価として保障され、対話を通して合意形成が実現されるような社会や国家のあり方を「共に」構想していく姿勢であろう。その先には、「西洋的」でも「イスラーム的」でもない、新たな近代の可能性が開かれている。

あとがき

現代の中東は、「長い帝国崩壊の過程」にある。「帝国後」の「あるべき秩序」を求めて多種多様な思想を紡ぎ出し、その実現に向けて奮闘する人びと。その姿は、あたかも日本の幕末の志士たちのようである。彼ら彼女らは、あるときは兵刃《へいじん》を交え、また、あるときは対話を重ねて打ち解け合いながら、中東の国家と社会のあり方に働きかけてきた。そして、そうした状況は、二一世紀の今日まで続いている。

その争点の一つが、政治と宗教の関係であった。世界的に近代西洋を範とする世俗主義が既定路線となっていくなかで、中東では、両者を結びつけようとするイスラーム主義が強い力を持ち続けてきた。その意味において、イスラーム主義は、その実態のさらなる解明が待たれる研究対象であると同時に、現代の中東政治を読み解くための重要な手掛かりとなる。

したがって、本書は、「イスラーム主義がわかる本」であると同時に、「中東政治がわかる本」にもなっている。その試みが奏功しているかどうかの判断は、読者諸賢に委ねたい。

イスラーム主義に関する著作は、欧米諸国では数多く出されており一つのジャンルとなっているが、日本では数えるほどしかない。その背景には、過激派やテロリズムに一時的な注目が集まるだけで、イスラーム主義への関心はなかなか持続・深化しなかったことがある。

だが、筆者は、そこにもう少し学問的な事情があると思っている。日本においても、中東政治に関する著作はたくさんある。しかし、イスラーム主義、広くはイスラームの政治的な意義や役割についての記述は充実しているとは言えず、あるいは場合によっては、意図的に——「科学的」であろうとすることで——「宗教絡み」のイシューが避けられることもある。他方、イスラームに関する著作は、中東政治のそれよりも充実していると言える。しかし、書店に並んでいる「イスラーム本」の大半は、イスラーム主義ではなく、イスラームの教えや歴史についてのものである。

つまり、「中東政治」や「イスラーム」を個別に理解するための優れた著作は無数にあるが、イスラーム主義、広くは中東における政治と宗教の関係を知りたい時に、手に取ることができる日本語の著作はそれほど多くない、という状況が続いてきたのである。

では、なぜそうした状況が生まれたのか。それには、おそらく学問的なアポリアの存在が関係している。すなわち、政治と宗教のそれぞれが、異なる理念、目的、方法論、手法を持つ研究者によって扱われてきたということである。そのため、両者の交わるところにあるイスラーム主義はなかなか真正面から取りあげられなかった、というのが実状であろう。

一般に混同されることも多いが、「中東(政治)研究者」と「イスラーム研究者」は、(重なる場合もあるが)本質的には異なるものである。前者は、比較政治学や国際政治学のディシプリンから、中東で起こっていることの原因(why)を推論しようとする。後者は、宗教学や歴史学、人類学などの知見を活かすことで、イスラームという宗教の実態(what)に肉迫しようとする。いわゆる社会科学と人文科学の分化・分業である。社会科学の諸理論を用いることで明快に説明できる事象もあれば、他方で、人文科学の知見の積み重ねの先にこそ発見・記述され得る事象もある。言うまでもなく、両者の間に優劣はない。

しかし、政治と宗教の関係が引き続き現代の中東における大きな課題になっているのだとすれば、そして、イスラーム主義という宗教に依拠した政治的イデオロギーが強い力を持ち続けているのだとすれば、その現実を捉えるためには、社会科学と人文科学の両方の知見を活かしていくべきではないのか。「中東(政治)研究者」であると同時に「イスラーム研究者」であろうとすることで、初めて見えてくる風景があるのではないのか。そして、それは、翻って、既存の社会科学と人文科学の発展に大きく寄与をする可能性を秘めているのではないか。

これが、筆者が長年考えてきたことであり、本書を執筆した動機である。前著『イスラーム主義と中東政治——レバノン・ヒズブッラーの抵抗と革命』(名古屋大学出版会、二〇一三年)が、その個別事例を扱った研究書であったのに対して、本書は、記述の対象となる事例や時代を広げたかたちの概説書となっている。

誤解を避けるために述べておけば、筆者は、社会科学と人文科学のそれぞれしかできないことや、それぞれが得意とし目指すことを、全面的にリスペクトするものである。『比較政治学の考え方』(有斐閣、二〇一六年、久保慶一・高橋百合子との共著)という社会科学の教科書をつくったのも、そのためである(共著者のお二人からは、多くのことを学ばせて頂いた)。

だが、それと同時に、新たな方法論や手法を——それをいわゆる地域研究と呼ぶかどうかはひとまず置いておいて——追求していきたいと強く思っている。その動機は単純である。「中東で起こっていることをよりよく理解するには、どうすればよいのか。」

新たな方法論や手法の追求が容易ならざるものであることは、重々承知しているつもりである。しかし、眼前の謎《ミステリー》に対して、それを解くための方法を一から考えていくことほど楽しいものはない、と思う。

岩波新書には、故・大塚和夫先生の筆による『イスラーム主義とは何か』(二〇〇四年)がある。

人類学の方法論と手法に依拠しながらも、歴史や思想にも丁寧に目配りすることで、イスラーム主義者たちの姿を活き活きと描いた名著であり、その核となる議論は、本書の随所にも反映されている。とはいえ、方法論や手法だけでなく扱う時代や地域も異にする本書が、屋上屋を架すものになってはいないと信じている。関心がある方は、読み比べてみて欲しい。

＊

本書の内容の大部分は、二〇一五年から一六年にかけてのロンドンでの学外研究中に考えたことや書き留めたことがもとになっている。研究員として受け入れて下さった、ロンドン大学の東洋アフリカ研究学院ロンドン中東研究所(SOAS-LMEI)には、心からお礼申し上げる。

筆者の研究のあり方や姿勢については、恩師である小杉泰先生(京都大学)からの多大なる影響を抜きに考えることはできない。先生は、近著でイスラーム主義という概念自体に否定的な立場を示されていたため、苦々しく思っておられるかもしれないが、本書が長きにわたる学恩に少しでも応えるものになっていることを願うばかりである。

紙幅が限られているため、お一人おひとりのお名前を挙げることができないが、様々なトピック、テーマ、ディシプリン、地域を専門にする数え切れない師友たちから頂いた教えと励ましに感謝している。皆さんと力を合わせながら、これからもワクワクするような研究を続けていくことができれば嬉しいです。

岩波新書編集部の中山永基さんには、公私ともに大変な時期であったにもかかわらず、企画段階から校正に至るまで、様々なご助力を頂いた。記して謝意を表したい。

最後に、いつもながらのことではあるが、筆者を支え続けてくれている妻と娘に心からの感謝の気持ちを伝えておきたい。ありがとう。

二〇一七年一二月

末近浩太

岩波新書/最新刊から

1681 **出羽三山**
山岳信仰の歴史を歩く
岩鼻通明 著
修験の聖地、羽黒山。「雲の峰幾つ崩て月の山」と芭蕉が詠んだ主峰、月山。秘所、湯殿山。〈お山〉の歴史と文化を案内。

1682 **アウグスティヌス**
「心」の哲学者
出村和彦 著
ヨーロッパの哲学思想に多大な影響を与えた「西欧の父」。知への愛と探究をとおしてキリスト教の道を歩んだ生涯を描く。

1683 **生と死のことば**
中国の名言を読む
川合康三 著
自分の老い、その先の死、身近な人たちの死にどう向き合うか。孔子、荘子、曹操、陶淵明など先哲、文人がのこしたことばから探る。

1684 **日本問答**
田中優子
松岡正剛 著
日本はどんな価値観で組み立てられてきたのか。デュアル思考で、日本の内なる多様性の魅力を発見する。侃侃諤諤の知の冒険！

1685 **メディア不信**
何が問われているのか
林香里 著
世界同時多発的にメディアやネットの信憑性に注目が集まる時代。独英米日の比較を通して、民主主義を蝕む「病弊」の実像に迫る。

1686 **ルポ 不法移民**
アメリカ国境を越えた男たち
田中研之輔 著
一一三〇万もの不法移民が存在するアメリカ。彼らはどんな人たちなのか？ ともに働くことで見えてきた、不法移民たちの素顔。

1687 **会計学の誕生**
―複式簿記が変えた世界―
渡邉泉 著
複式簿記から、貸借対照表、損益計算書、キャッシュ・フロー計算書まで、八〇〇年にわたる会計の世界を帳簿でたどる入門書。

1688 **東電原発裁判**
―福島原発事故の責任を問う―
添田孝史 著
津波の予見は不可能とする東京電力の主張は果たして真実なのか。未曽有の事故の責任をめぐる一連の裁判をレポートする。

(2017. 12)

現代世界

岩波新書新赤版一〇〇〇点に際して

ひとつの時代が終わったと言われて久しい。だが、その先にいかなる時代を展望するのか、私たちはその輪郭すら描きえていない。二〇世紀から持ち越した課題の多くは、未だ解決の緒を見つけることのできないままであり、二一世紀が新たに招きよせた問題も少なくない。グローバル資本主義の浸透、憎悪の連鎖、暴力の応酬——世界は混沌として深い不安の只中にある。

現代社会においては変化が常態となり、速さと新しさに絶対的な価値が与えられた。消費社会の深化と情報技術の革命は、種々の境界を無くし、人々の生活やコミュニケーションの様式を根底から変容させてきた。ライフスタイルは多様化し、一面では個人の生き方をそれぞれが選びとる時代が始まっている。同時に、新たな格差が生まれ、様々な次元での亀裂や分断が深まっている。社会や歴史に対する意識が揺らぎ、普遍的な理念に対する根本的な懐疑や、現実を変えることへの無力感がひそかに根を張りつつある。そして生きることに誰もが困難を覚える時代が到来している。

しかし、日常生活のそれぞれの場で、自由と民主主義を獲得し実践することを通じて、私たち自身がそうした閉塞を乗り超え、希望の時代の幕開けを告げてゆくことは不可能ではあるまい。そのためには、いま求められていること——それは、個と個の間で開かれた対話を積み重ねながら、人間らしく生きることの条件について一人ひとりが粘り強く思考することではないか。その営みの糧となるものが、教養に外ならないと私たちは考える。歴史とは何か、よく生きるとはいかなることか、世界そして人間はどこへ向かうべきなのか——こうした根源的な問いとの格闘が、文化と知の厚みを作り出し、個人と社会を支える基盤としての教養となった。まさにそのような教養への道案内こそ、岩波新書が創刊以来、追求してきたことである。

岩波新書は、日中戦争下の一九三八年一一月に赤版として創刊された。創刊の辞は、道義の精神に則らない日本の行動を憂慮し、批判的精神と良心的行動の欠如を戒めつつ、現代人の現代的教養を刊行の目的とする、と謳っている。以後、青版、黄版、新赤版と装いを改めながら、合計二五〇〇点余りを世に問うてきた。そして、いままた新赤版が一〇〇〇点を迎えたのを機に、人間の理性と良心への信頼を再確認し、それに裏打ちされた文化を培っていく決意を込めて、新しい装丁のもとに再出発したいと思う。一冊一冊から吹き出す新風が一人でも多くの読者の許に届くこと、そして希望ある時代への想像力を豊かにかき立てることを切に願う。

（二〇〇六年四月）

末近浩太

1973年生まれ．横浜市立大学文理学部卒業．英国ダラム大学中東・イスラーム研究センター修士課程修了．京都大学大学院アジア・アフリカ地域研究研究科5年一貫制博士課程修了．博士(地域研究)

現在—立命館大学国際関係学部教授

専攻—中東地域研究，国際政治学，比較政治学

著書—『イスラーム主義と中東政治——レバノン・ヒズブッラーの抵抗と革命』(名古屋大学出版会)，『現代シリアの国家変容とイスラーム』(ナカニシヤ出版)，『比較政治学の考え方』(有斐閣，久保慶一・高橋百合子との共著)，『現代シリア・レバノンの政治構造』(岩波書店，青山弘之との共著) ほか

イスラーム主義
——もう一つの近代を構想する　　岩波新書(新赤版)1698

2018年1月19日　第1刷発行

著　者　末近浩太《すえちかこうた》

発行者　岡本　厚

発行所　株式会社 岩波書店
〒101-8002 東京都千代田区一ツ橋2-5-5
案内 03-5210-4000　営業部 03-5210-4111
http://www.iwanami.co.jp/

新書編集部 03-5210-4054
http://www.iwanamishinsho.com/

印刷・三陽社　カバー・半七印刷　製本・中永製本

ISBN 978-4-00-431698-5　　Printed in Japan

主要参考文献

本書の内容全体に関わるもの

Akbarzadeh, Shahram ed., *Routledge Handbook of Political Islam*. London: Routledge, 2012.

Esposito, John L. and Emad El-Din Shahin eds., *The Oxford Handbook of Islam and Politics*. Oxford: Oxford University Press, 2013.

Euben, Roxanne L. and Muhammad Qasim Zaman eds., *Princeton Readings in Islamist Thought: Texts and Contexts from al-Banna to Bin Laden*. Princeton: Princeton University Press, 2009.

Hamid, Shadi and William Mccants eds., *Rethinking Political Islam*. Oxford: Oxford University Press, 2017.

Hroub, Khaled ed., *Political Islam: Context versus Ideology*. London: Saqi, 2010.

Ismail, Salwa, *Rethinking Islamist Politics: Culture, the State and Islamism*. London: I. B. Tauris, 2006.

Mandeville, Peter, *Islam and Politics*. Second edition. London: Routledge, 2014.

March, Andrew F., "Political Islam: Theory," *Annual Review of Political Science*, Vol. 18, 2015.

Martin, Richard C. and Abbas Barzegar eds., *Islamism: Contested Perspectives on Political Islam*. Stanford: Stanford University Press, 2010.

Osman, Tareq, *Islamism: What It Means for the Middle East and the World*. New Haven: Yale University Press, 2016.

Volpi, Frédéric ed., *Political Islam: A Critical Reader*. London: Routledge, 2011.

大塚和夫『イスラーム主義とは何か』岩波新書，2004 年.

ケペル，ジル『ジハード——イスラム主義の発展と衰退』(丸岡高弘訳)産業図書，2006 年.
小杉泰『現代イスラーム世界論』名古屋大学出版会，2006 年.
小杉泰・林佳世子・東長靖編『イスラーム世界研究マニュアル』名古屋大学出版会，2008 年.
小松久男・小杉泰編『現代イスラーム思想と政治運動(イスラーム地域研究叢書 2)』東京大学出版会，2003 年.
末近浩太『イスラーム主義と中東政治——レバノン・ヒズブッラーの抵抗と革命』名古屋大学出版会，2013 年.
末近浩太「イスラーム主義運動の歴史的展開——中東地域研究における意義を再考する」松尾昌樹・岡野内正・吉川卓郎編著『中東の新たな秩序(グローバル・サウスは今　第 3 巻)』ミネルヴァ書房，2016 年.

第 1 章　イスラーム主義とは何か

Brown, Nathan, *Arguing Islam after the Revival of Arab Politics*. Oxford: Oxford University Press, 2017.
Masud, Muhammad Khalid, Armando Salvatore and Martin van Brainessen eds., *Islam and Modernity: Key Issues and Debates*. Edinburgh: Edinburgh University Press, 2009.
Sutton, Philip W. and Stephen Vertigans, *Resurgent Islam: A Sociological Approach*. Cambridge: Polity, 2005.
Zubaida, Sami, *Islam, the People and the State: Political Ideas and Movements in the Middle East*. Third edition. London: I. B. Tauris, 2009.
アサド，タラル『宗教の系譜——キリスト教徒とイスラムにおける権力の根拠と訓練』(中村圭志訳)岩波書店，2004 年.
アサド，タラル『世俗の形成——キリスト教，イスラム，近代』(中村圭志訳)みすず書房，2006 年.
イーストン，デヴィッド『政治体系——政治学の状態への探

究』(山川雄巳訳)ぺりかん社，1976 年.
ヴェーバー，マックス『職業としての政治』(脇圭平訳)岩波文庫，1980 年.
大塚和夫『イスラーム的――世界化時代の中で』講談社学術文庫，2015 年.
カサノヴァ，ホセ『近代世界の公共宗教』(津城寛文訳)玉川大学出版部，1997 年.
小杉泰『現代中東とイスラーム政治』昭和堂，1994 年.
ハーバーマス，ユルゲン『公共性の構造転換――市民社会の一カテゴリーについての探究(第 2 版)』(細谷貞雄・山田正行訳)未来社，1994 年.

第２章　長い帝国崩壊の過程

Anscombe, Frederick F., *State, Faith, and Nation in Ottoman and Post-Ottoman Lands*. Cambridge: Cambridge University Press, 2014.
Ayubi, Nazih N., *Over-stating the Arab State: Politics and Society in the Middle East*. London: I. B. Tauris, 1995.
Fawcett, Louise ed., *International Relations of the Middle East*. Fourth edition. Oxford: Oxford University Press, 2016.
Halliday, Fred, *The Middle East in International Relations: Power, Politics and Ideology*. Cambridge: Cambridge University Press, 2005.
Hinnebusch, Raymond, *The International Politics of the Middle East*. Second edition. Manchester: Manchester University Press, 2016.
Lockman, Zachary, *Contending Visions of the Middle East: The History and Politics of Orientalism*. Second edition. Cambridge: Cambridge University Press, 2010.
Miller, Benjamin, *States, Nations and Great Powers: The Sources of Regional War and Peace*. Cambridge: Cambridge University

Press, 2007.
Shlaim, Avi, *War and Peace in the Middle East: A Concise History*. Revised and updated. London: Penguin Books, 1995.
青山弘之編『「アラブの心臓」に何が起きているのか――現代中東の実像』岩波書店，2014 年.
新井政美『オスマン帝国はなぜ崩壊したのか』青土社，2009 年.
大河原知樹・堀井聡江『イスラーム法の「変容」――近代との邂逅(イスラームを知る 17)』山川出版社，2014 年.
オーウェン，ロジャー『現代中東の国家・権力・政治』(山尾大・溝渕正季訳)明石書店，2015 年.
佐藤次高『イスラームの国家と王権(世界歴史選書)』岩波書店，2004 年.
末近浩太『現代シリアの国家変容とイスラーム』ナカニシヤ出版，2005 年.
鈴木董『ナショナリズムとイスラム的共存』千倉書房，2007 年.
ローガン，ユージン『オスマン帝国の崩壊――中東における第一次世界大戦』(白須英子訳)白水社，2017 年.

第３章　イスラーム主義の誕生

Ayubi, Nazih N., *Political Islam: Religion and Politics in the Arab World*. London: Routledge, 1991.
Eickelman, Dale F. and James Piscatori, *Muslim Politics*. Princeton: Princeton University Press, 1996.
Hourani, Albert, *Arabic Thought in the Liberal Age 1798–1939*. Cambridge: Cambridge University Press, 1983.
Kerr, Malcom H., *Islamic Reform: Political and Legal Theories of Muḥummad ʿAbduh and Rashīd Riḍā*. Berkeley: University of California Press, 1966.
Strindberg, Anders and Mats Wärn, *Islamism: Religion, and Radi-*

calization, and Resistance. London: Polity, 2011.
Tibi, Bassam, *Islamism and Islam*. New Haven: Yale University Press, 2012.
飯塚正人『現代イスラーム思想の源流(世界史リブレット69)』山川出版社，2008年.
末近浩太「ラシード・リダーと大戦間期のシリア統一・独立運動」『日本中東学会年報』第17-1号，2002年.
松本弘『ムハンマド・アブドゥフ——イスラームの改革者(世界史リブレット人84)』山川出版社，2016年.
平野淳一「〈原典翻訳〉19世紀後半におけるイスラーム改革者による西洋思想批判——ジャマールッディーン・アフガーニー『物質主義者への反駁』」『イスラーム世界研究』第1巻1号，2007年.
平野淳一「〈原典翻訳〉アフガーニー思想におけるイスラームと西洋の布置図——ジャマールッディーン・アフガーニー『物質主義者への反駁』」『イスラーム世界研究』第1巻2号，2007年.

第4章　イスラーム主義運動の登場

Beinin, Joel and Frédéric Vairel, *Social Movements, Mobilization, and Contestation in the Middle East and North Africa*. Second edition. Stanford: Stanford University Press, 2013.
Mallat, Chibli, *The Renewal of Islamic Law: Muhammad Baqer as-Sadr, Najaf, and the Shi'i International*. Cambridge: Cambridge University Press, 1993.
Mitchell, Richard P., *The Society of the Muslim Brothers*. Oxford: Oxford University Press, 1969.
Suechika, Kota, "Arab Nationalism Twisted?: The Syrian Ba'th Regime's Strategies for Nation/State-building," Yusuke Murakami, Hiroyuki Yamamoto and Hiromi Komori eds., *Enduring States: In the Face of Challenges from Within and Without*. Kyoto:

Kyoto University Press, 2011.
Wickham, Carrie Rosefsky, *The Muslim Brotherhood: Evolution of an Islamist Movement*. Princeton: Princeton University Press, 2013.
Wiktorowicz, Quintan ed., *Islamic Activism: A Social Movement Theory Approach*. Bloomington: Indiana University Press, 2004.
菊地達也『イスラーム教「異端」と「正統」の思想史』講談社選書メチエ，2009 年.
小杉泰編『イスラームの歴史 2――イスラームの拡大と変容(宗教の世界史 12)』山川出版社，2010 年.
酒井啓子『フセイン・イラク政権の支配構造』岩波書店，2003 年.
桜井啓子『シーア派――台頭するイスラーム少数派』中公新書，2006 年.
サドル，ムハンマド・バーキル『イスラームの革命と国家――現代アラブ・シーア派の政治思想(中東学叢書 6)』(小杉泰編訳)国際大学中東研究所，1992 年.
バンナー，ハサン『ムスリム同胞団の思想――ハサン・バンナー論考集(イスラーム原典叢書)上／下』(北澤義之・髙岡豊・横田貴之・福永浩一(下のみ)編訳)岩波書店，2015, 2016 年.
山尾大「〈原典翻訳〉現代シーア派のイスラーム国家論――ムハンマド・バーキル・サドル「イスラーム国家における力の源泉」」『イスラーム世界研究』第 1 巻 1 号，2007 年.
山尾大『現代イラクのイスラーム主義運動――革命運動から政権党への軌跡』有斐閣，2011 年.
横田貴之『現代エジプトにおけるイスラームと大衆運動』ナカニシヤ出版，2006 年.

第５章　イラン・イスラーム革命の衝撃

Gerges, Fawaz A., *America and Political Islam: Clash of Cultures or*

Clash of Interests? Cambridge: Cambridge University Press, 1999.
Leeds, Brett Ashley and Burcu Savun, "Terminating Alliances: Why Do States Abrogate Agreements?" *The Journal of Politics*, Vol. 69, No. 4 (November), 2007.
Migdal, Joel S., *Shifting Sands: The United States in the Middle East*. New York: Columbia University Press, 2014.
Pew Forum on Religion and Public Life, *Mapping the Global Muslim Population: A Report on the Size and Distribution of the World's Muslim Population* (October 2009). Washington D. C.: Pew Research Center, 2009.
Siverson, Randolph M. and Harvey Starr, "Regime Change and the Restructuring of Alliances," *American Journal of Political Science*. Vol. 38, No. 1 (February) 1994.
今井宏平『トルコ現代史——オスマン帝国崩壊からエルドアンの時代まで』中公新書，2017年.
ウォルツァー，マイケル『解放のパラドックス——世俗革命と宗教的反革命』(萩原能久監訳)風行社，2016年.
臼杵陽『世界史の中のパレスチナ問題』講談社現代新書，2013年.
ケペル，ジル『宗教の復讐』(中島ひかる訳)晶文社，1992年.
末近浩太「〈原典翻訳〉シリア・イスラーム革命宣言および綱領」『イスラーム世界研究』第2巻1号，2008年.
ダバシ，ハミッド『イラン，背反する民の歴史』(田村美佐子・青柳伸子訳)作品社，2008年.
蓮實重彦・渡辺守章監修，小林康夫・石田英敬・松浦寿輝編『ミシェル・フーコー思想集成 VIII——政治／友愛』筑摩書房，2001年.
ホメイニー，R. M.『イスラーム統治論・大ジハード論』(富田健次編訳)平凡社，2003年.
吉村慎太郎『イラン・イスラーム体制とは何か——革命・戦争・改革の歴史から』書肆心水，2005年.

第6章　ジハード主義者の系譜

Bergesen, Albert J. ed., *The Sayyid Qutb Reader: Selected Writings on Politics, Religion, and Society*. London: Routledge, 2008.

Burgat, François, *Islamism in the Shadow of al-Qaeda* (Patrick Hutchinson trs.). Austin: University of Texas Press, 2008.

Buzan, Barry, Ole Wæver and Jaap de Wilde, *Security: A New Framework for Analysis*. Boulder: Lynne Rienner, 1998.

Gerges, Fawaz A., *The Far Enemy: Why Jihad Went Global*. New edition. Cambridge: Cambridge University Press, 2009.

Lia, Brynjar, *Architect of Global Jihad: The Life of Al-Qaida Strategist Abu Mus'ab al-Suri*. New York: Columbia University Press, 2008.

National Intelligence Estimate, *Trends in Global Terrorism: Implications for the United States* (NIE 2006-02R April 2006). Washington D. C.: National Intelligence Council, 2006.

Norton, Augustus Richard, *Hezbollah: A Short History*. Princeton: Princeton University Press, 2006.

Rashwan, Diaa, "Remote Targets, and Near Ones Too," *Al-Ahram Weekly*, No. 740, 2005.

Tamimi, Azzam, *Hamas: Unwritten Chapters*. London: Hurst, 2007.

Wagemakers, Joas, *A Quietist Jihadi: The Ideology and Influence of Abu Muhammad al-Maqdisi*. Cambridge: Cambridge University Press, 2012.

ケペル，ジル『テロと殉教――「文明の衝突」をこえて』(丸岡高弘訳)産業図書，2010年.

小杉泰『イスラーム世界(21世紀の世界政治5)』筑摩書房，1998年.

サイード，エドワード・W『オスロからイラクへ――戦争とプロパガンダ 2000-2003』(中野真紀子訳)みすず書房，2005年.

末近浩太「グローバリゼーションと国際政治(2)――「イスラーム」の「外部性」をめぐって」大久保史郎編『グローバリゼーションと人間の安全保障(講座　人間の安全保障と国際犯罪組織　第1巻)』日本評論社，2007年.
鈴木啓之「ハマース憲章全訳――パレスチナ抵抗運動の一側面へのアプローチ(資料)」『アジア・アフリカ言語文化研究』第82号，2011年.
髙岡豊・溝渕正季訳・解説『ヒズブッラー――抵抗と革命の思想』現代思潮新社，2015年.
バーゲン，ピーター『聖戦ネットワーク』(上野元美訳)小学館，2002年.
ハンチントン，サミュエル『文明の衝突』(鈴木主税訳)集英社，1998年.
ファドルッラー，ムハンマド・フサイン『レバノン・シーア派のイスラーム革命思想』(小杉泰編訳)国際大学国際関係学研究科，1991年.
保坂修司『ジハード主義――アルカイダからイスラーム国へ』岩波書店，2017年.

第7章　イスラーム主義政権の盛衰

Abdo, Geneive, *The New Sectarianism: The Arab Uprisings and the Rebirth of the Shi'a-Sunni Divide*. Oxford: Oxford University Press, 2016.
Brown, Nathan, *When Victory Is Not an Option: Islamist Movements in Arab Politics*. Ithaca: Cornell University Press, 2012.
Brownlee, Jason, Tarek Masoud, and Andrew Raynolds, *The Arab Spring: Pathways of Repression and Reform*. Oxford: Oxford University Press, 2015.
Freedom House, *Freedom in the World 2011: The Authoritarian Challenge to Democracy*. Washington D. C.: Freedom House, 2011.

Gerges, Fawaz A., *The Rise and Fall of Al-Qaeda*. Oxford: Oxford University Press, 2011.

Hamid, Shadi, *Temptations of Power: Islamists and Illiberal Democracy in a New Middle East*. Oxford: Oxford University Press, 2014.

Khatib, Lina and Ellen Lust eds., *Taking to the Street: The Transformation of Arab Activism*. Baltimore: Johns Hopkins University Press, 2014.

Lynch, Marc ed., *The Arab Uprisings Explained: New Contentious Politics in the Middle East*. New York: Columbia University Press, 2014.

Pargeter, Alison, *Return to the Shadows: The Muslim Brotherhood and An-Nahda since the Arab Spring*. London: Saqi, 2016.

The Soufan Group, *Foreign Fighters: An Updated Assessment of the Flow of Foreign Fighters into Syria and Iraq*(December 2015). New York: The Soufan Group, 2015.

Tilly, Charles, *Coercion, Capital and European States: AD 990–1992*. Oxford: Blackwell, 1992.

Tuğal, Cihan, *The Fall of the Turkish Model: How the Arab Uprisings Brought Down Islamic Liberalism*. New York: Verso, 2016.

Wegner, Eva, "The Islamist Voter Base during the Arab Spring: More Ideology than Protest?" The Project on Middle East Political Science ed., *Adaptation Strategies of Islamist Movements* (POMEPS Studies 26, April 2017). Washington D. C.: The Project on Middle East Political Science (POMEPS), 2017.

青山弘之『シリア情勢——終わらない人道危機』岩波新書, 2017 年.

青山弘之・末近浩太『現代シリア・レバノンの政治構造(アジア経済研究所叢書 5)』岩波書店，2009 年.

池内恵『イスラーム国の衝撃』文春新書，2015 年.

私市正年『北アフリカ・イスラーム主義運動の歴史』白水社, 2004 年.

澤江史子『現代トルコの民主政治とイスラーム』ナカニシヤ出版，2005 年.
末近浩太「中東の地域秩序の変動――「アラブの春」，シリア「内戦」，そして「イスラーム国」へ」村上勇介・帯谷知可編著『融解と再創造の世界秩序（相関地域研究　第 2 巻）』青弓社，2016 年.
末近浩太「「現象」としての「イスラーム国（IS）」――反国家・脱国家・超国家」村上勇介・帯谷知可編『秩序の砂塵化を超えて――環太平洋パラダイムの可能性』京都大学学術出版会，2017 年.
鈴木恵美『エジプト革命――軍とムスリム同胞団，そして若者たち』中公新書，2013 年.
中東調査会イスラーム過激派モニター班『「イスラーム国」の生態がわかる 45 のキーワード』明石書店，2015 年.
中野実『革命（現代政治学叢書 4）』東京大学出版会，1989 年.
松本弘『アラブ諸国の民主化――2011 年政変の課題（イスラームを知る 23）』山川出版社，2015 年.
吉岡明子・山尾大編『「イスラーム国」の脅威とイラク』岩波書店，2014 年.

終章　もう一つの近代を構想する

Bayat, Asef, *Making Islam Democratic: Social Movements and the Post-Islamist Turn*. Stanford: Stanford University Press, 2007.
Bayat, Asef, *Life as Politics: How Ordinary People Change the Middle East*. Cairo: The American University of Cairo Press, 2009.
Bayat, Asef ed., *Post-Islamism: The Changing Faces of Political Islam*. Oxford: Oxford University Press, 2013.
Hamid, Shadi, *Islamic Exceptionalism: How the Struggle over Islam Is Reshaping the World*. New York: St. Martin's Press, 2016.
Hashemi, Nader, *Islam, Secularism, and Liberal Democracy*. Oxford: Oxford University Press, 2009.

Norris, Pippa and Ronald Inglehart, *Sacred and Secular: Religion and Politics Worldwide*. Second edition. Cambridge: Cambridge University Press, 2011.
Roy, Olivier, *The Failure of Political Islam* (Carol Volk trs.). Cambridge: Harvard University Press, 1994.
Roy, Olivier, *Globalized Islam: The Search for a New Ummah*. New York: Columbia University Press, 2004.
Roy, Olivier, *Jihad and Death: The Global Appeal of Islamic State* (Cynthia Schoch trs.). London: Hurst, 2017.
Shah, Samuel Timothy, Alfred Stepan and Monica Duffy Toft eds., *Rethinking Religion and World Affairs*. Oxford: Oxford University Press, 2012.
Zubaida, Sami, *Beyond Islam: A New Understanding of the Middle East*. London: I. B. Tauris, 2011.
アスラン，レザー『変わるイスラーム――源流・進展・未来』(白須英子訳)藤原書店，2009年.
エスポズィト，ジョン，ジョン・ボル『イスラームと民主主義』(宮原辰夫・大和隆介訳)成文堂，2000年.
私市正年『原理主義の終焉か――ポスト・イスラーム主義論(イスラームを知る11)』山川出版社，2012年.
ケペル，ジル，アントワーヌ・ジャルダン『グローバル・ジハードのパラダイム――パリを襲ったテロの起源』(義江真木子訳)新評論，2017年.
小杉泰『9・11以後のイスラーム政治』岩波書店，2014年.
末近浩太「イスラームとデモクラシーをめぐる議論」私市正年・浜中新吾・横田貴之編著『中東・イスラーム研究概説――政治学・経済学・社会学・地域研究のテーマと理論』明石書店，2017年.
ハーバーマス，ユルゲン，チャールズ・テイラー，ジュディス・バトラー，コーネル・ウェスト『公共圏に挑戦する宗教――ポスト世俗化時代における共棲のために』(箱田徹・金城美幸訳)岩波書店，2014年.